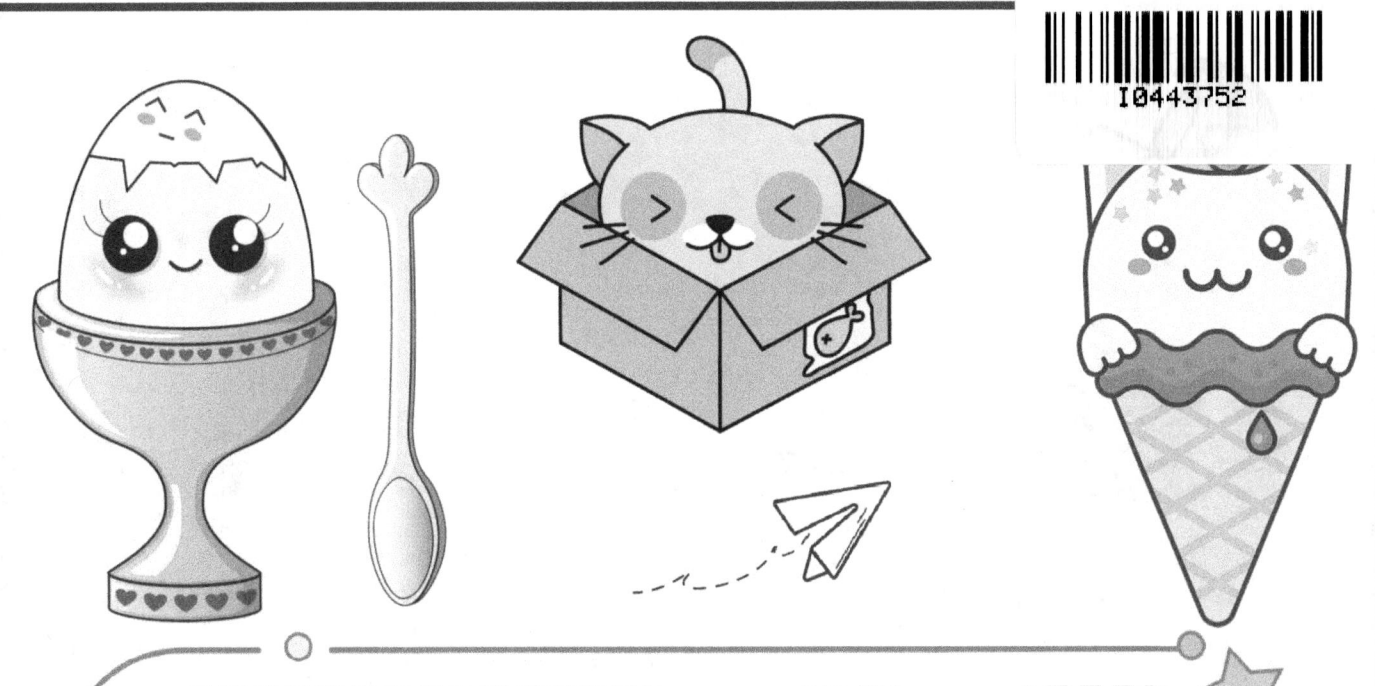

CÓMO DIBUJAR TODO ES LINDO.

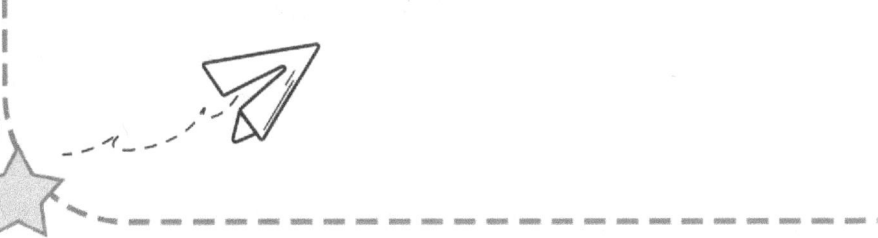

DIBUJAR CON SOPHIA

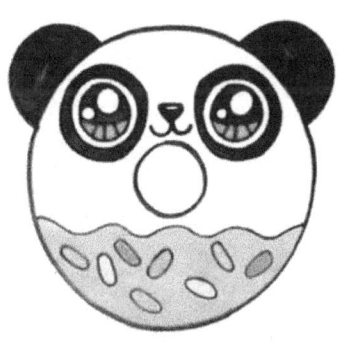
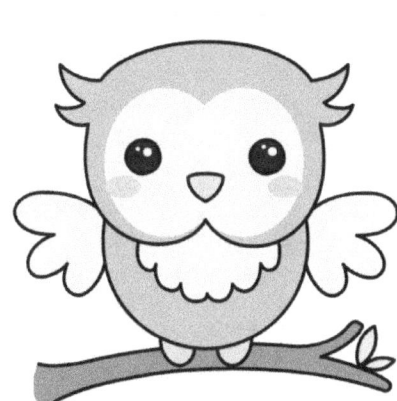

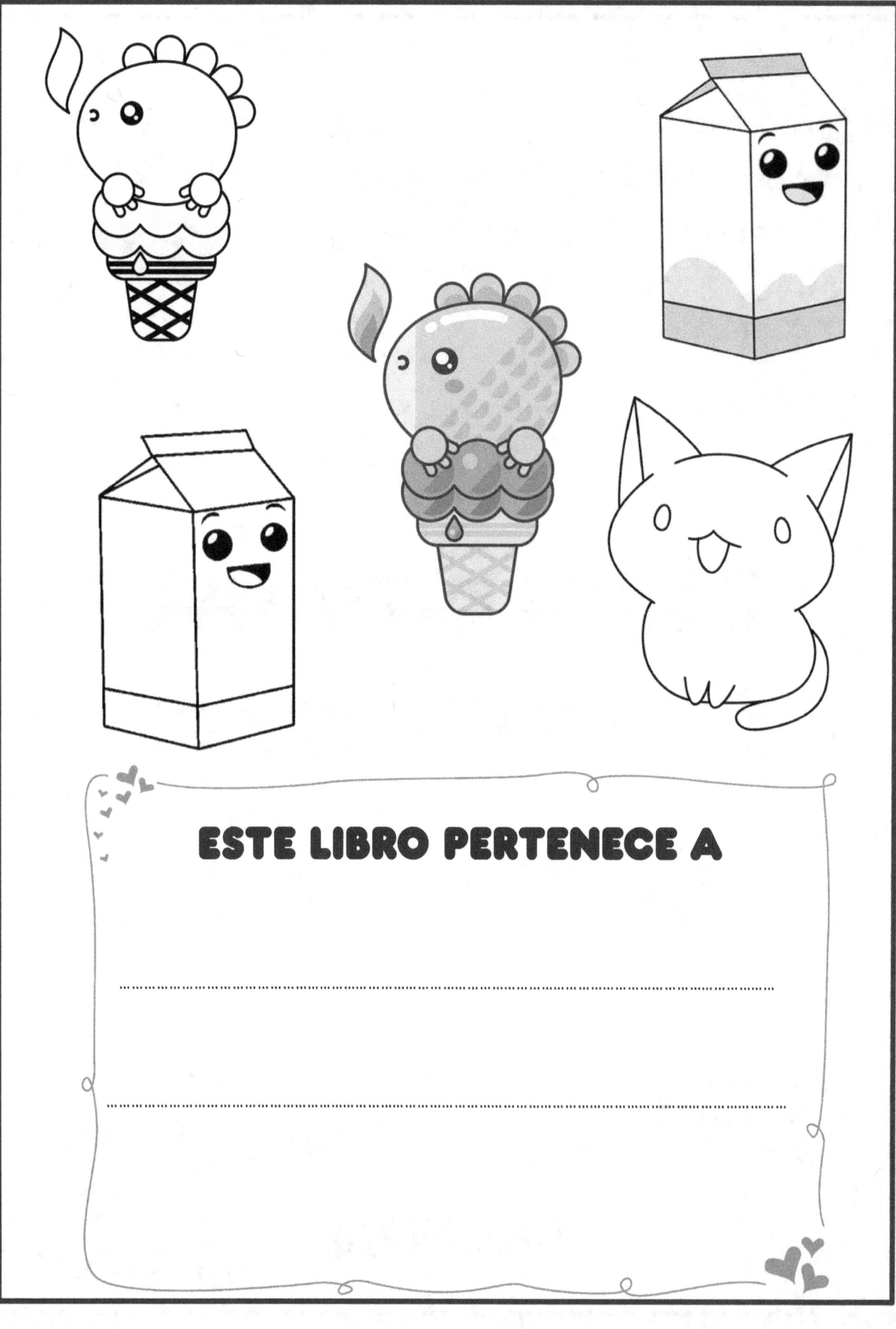

Cómo dibujar Todo es lindo.
Copyright © 2024 por Draw With Sophia

Reservados todos los derechos. Ninguna parte de esta publicación puede reproducirse, distribuirse o transmitirse de ninguna forma ni por ningún medio, incluidas fotocopias, grabaciones u otros métodos electrónicos o mecánicos, sin el permiso previo por escrito del editor, excepto en el caso de citas breves incorporadas. en revisiones críticas y ciertos otros usos no comerciales permitidos por la ley de derechos de autor.

Este libro tiene fines informativos y educativos únicamente. El autor y el editor han hecho todos los esfuerzos posibles para garantizar la exactitud de la información contenida en este libro, pero no ofrecen garantías ni representaciones con respecto a la exactitud, aplicabilidad o integridad del contenido de este libro. La información contenida en este libro tiene fines estrictamente educativos. Por lo tanto, si deseas aplicar las ideas contenidas en este libro, estás asumiendo total responsabilidad por tus acciones.

Marcas registradas

Todas las marcas comerciales, marcas de servicio y nombres comerciales de este libro son marcas comerciales o marcas comerciales registradas de sus respectivos propietarios.

Ilustración de portada © 2024 por Draw With Sophia

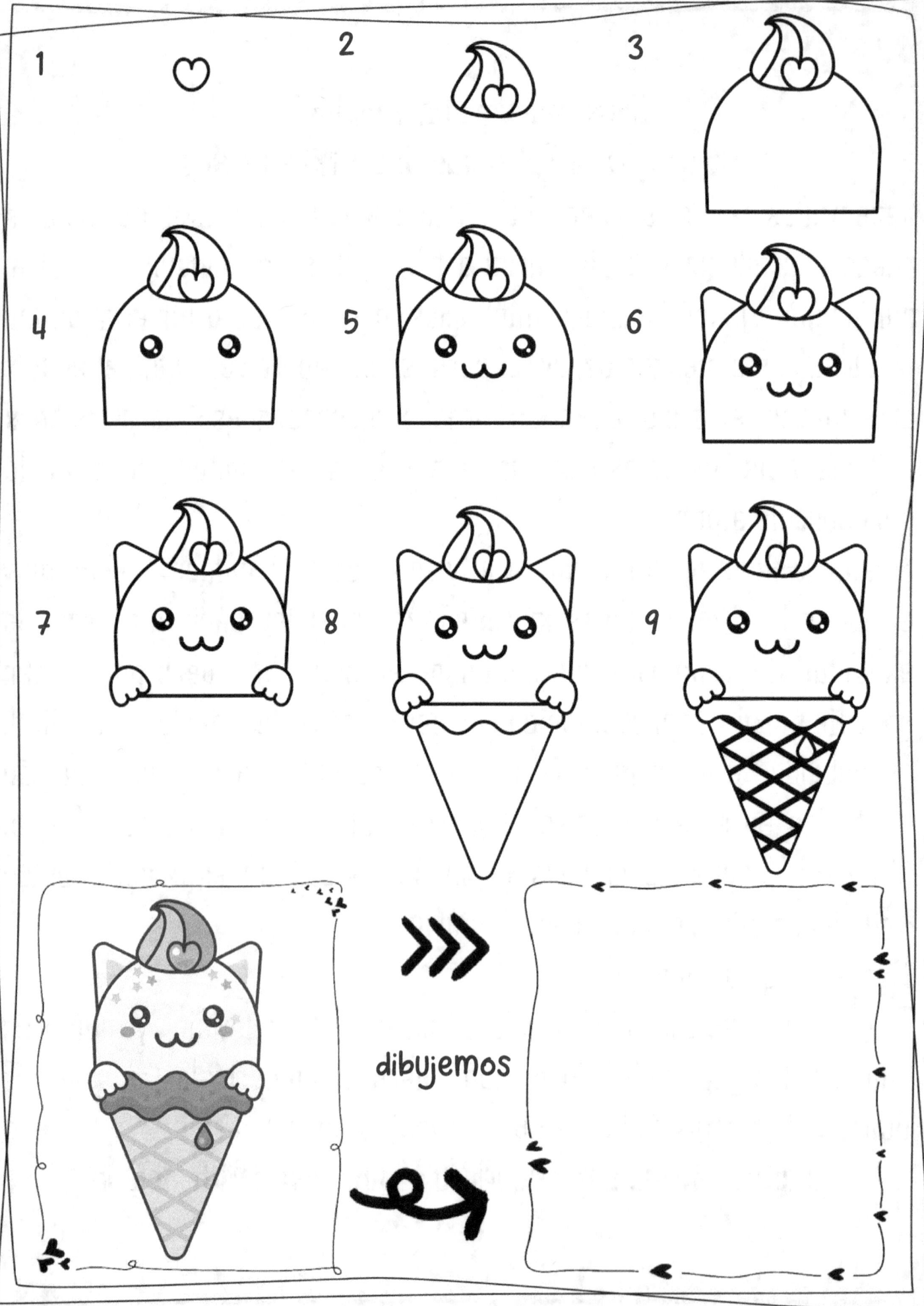

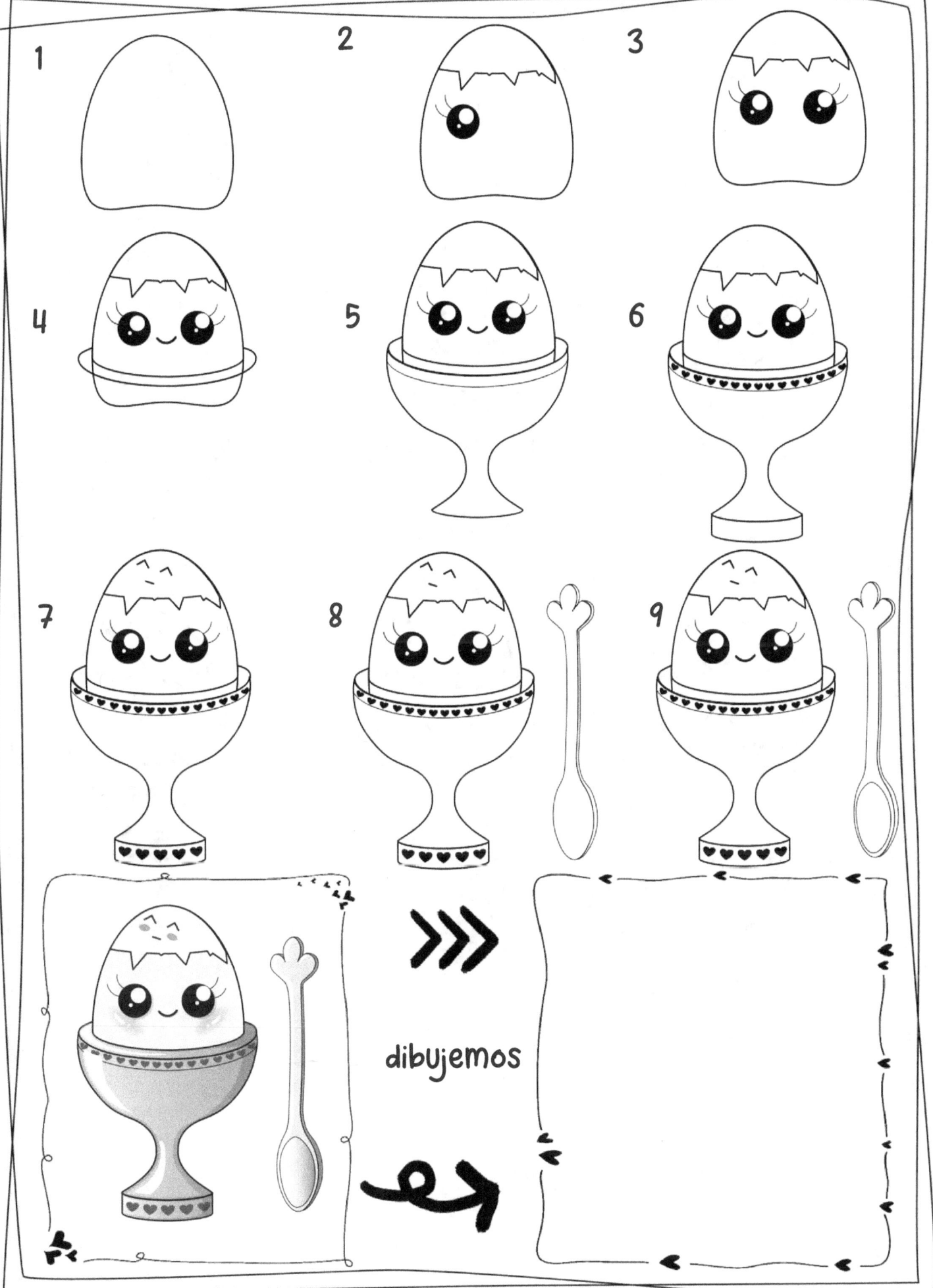

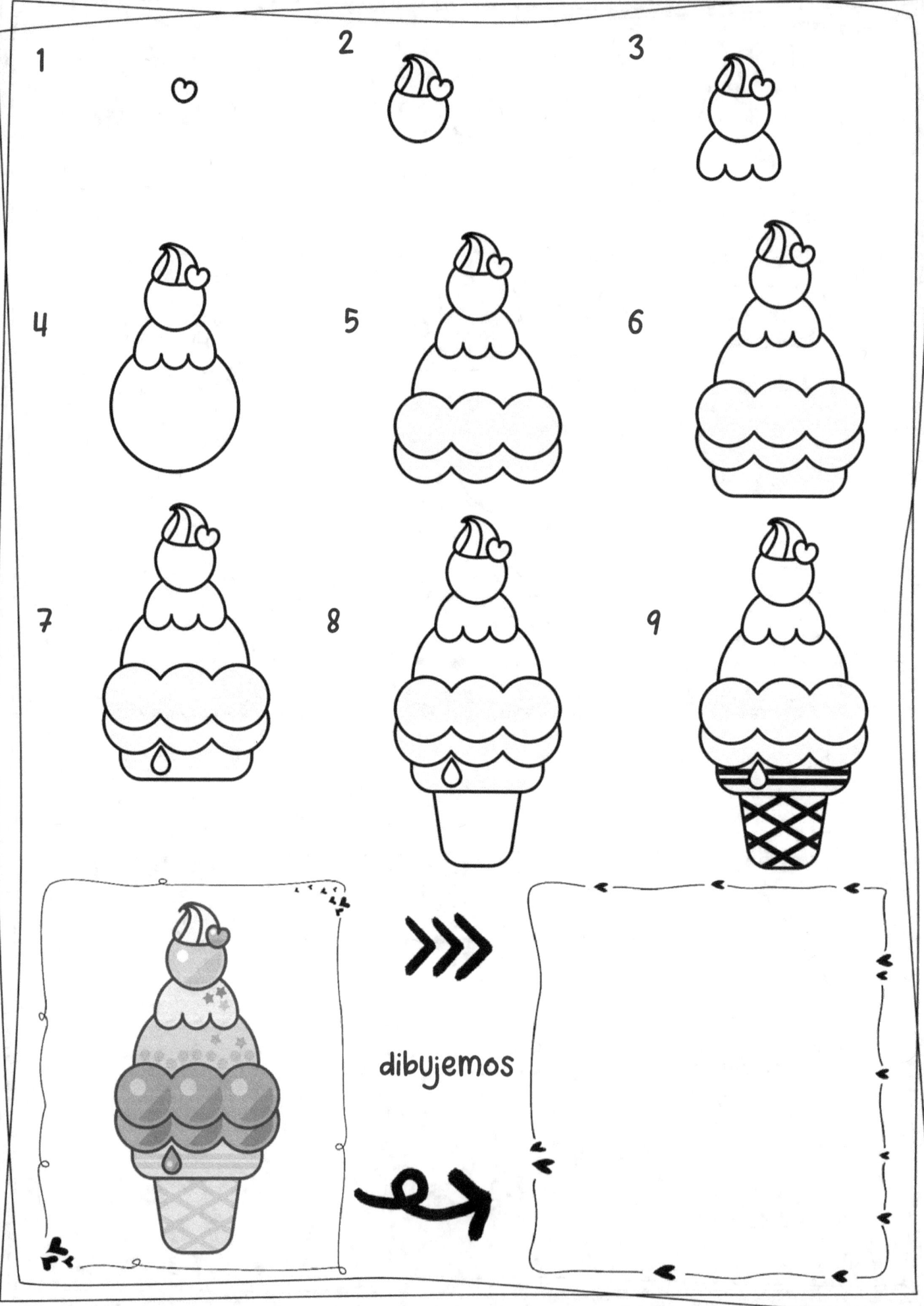

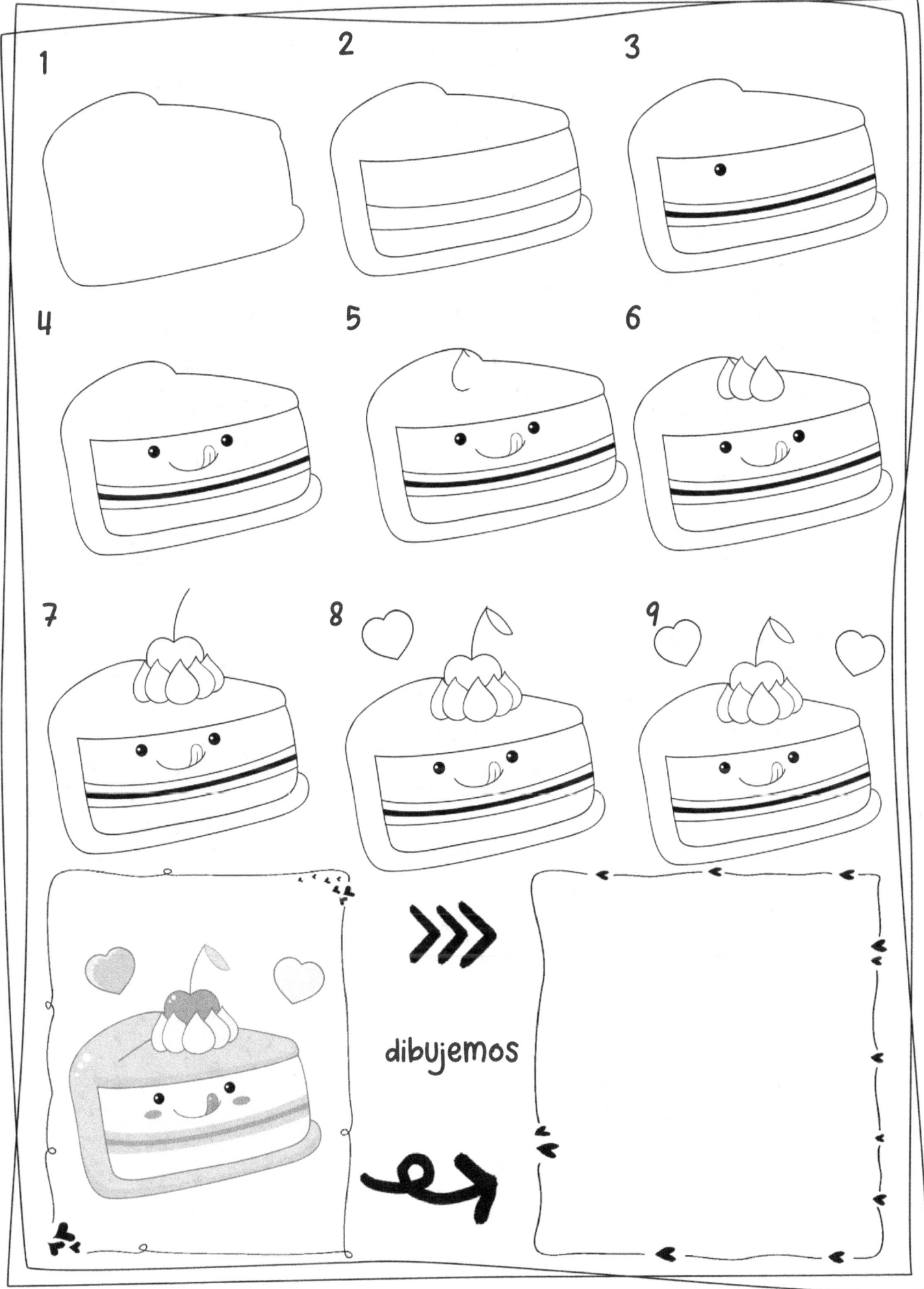

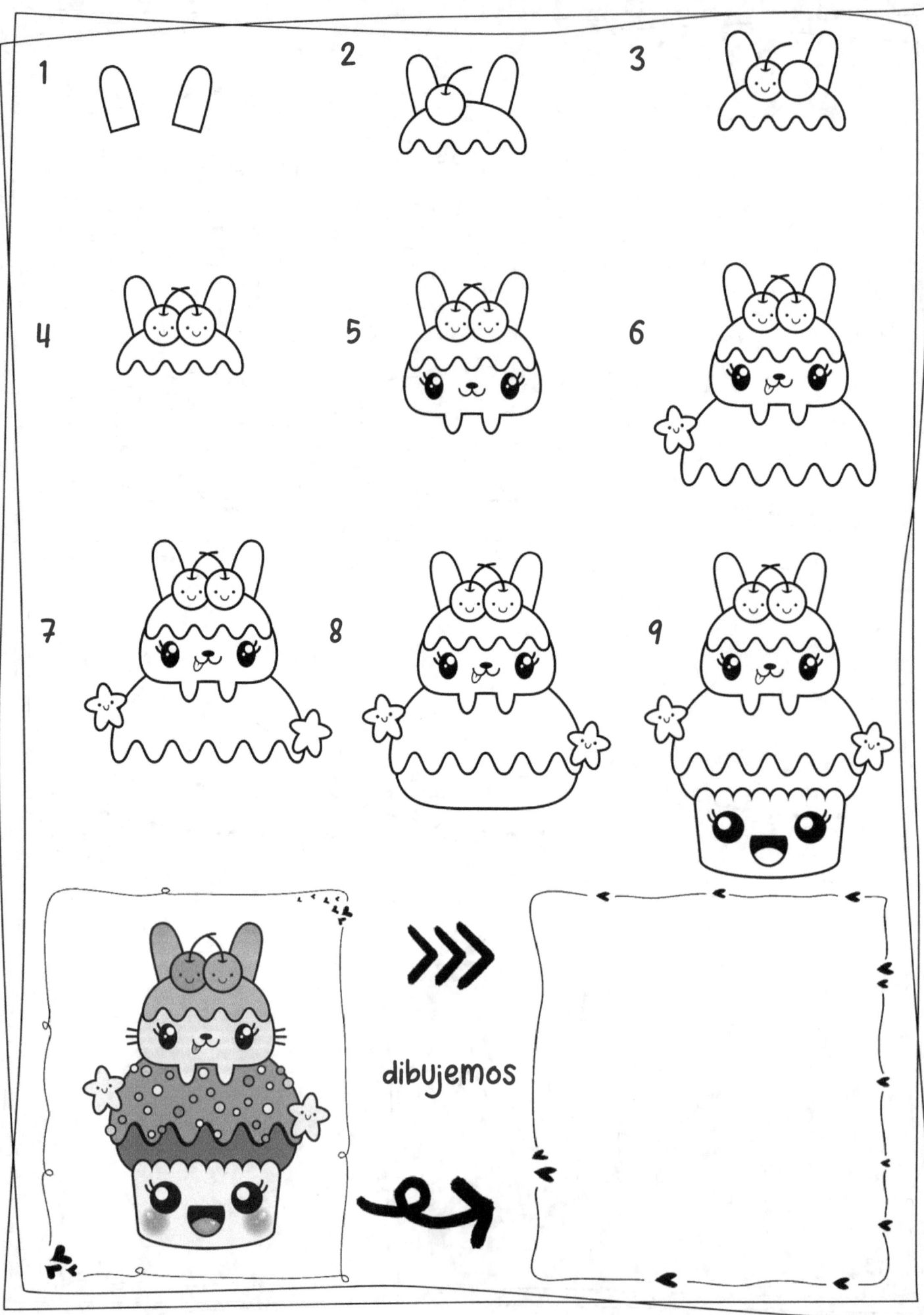

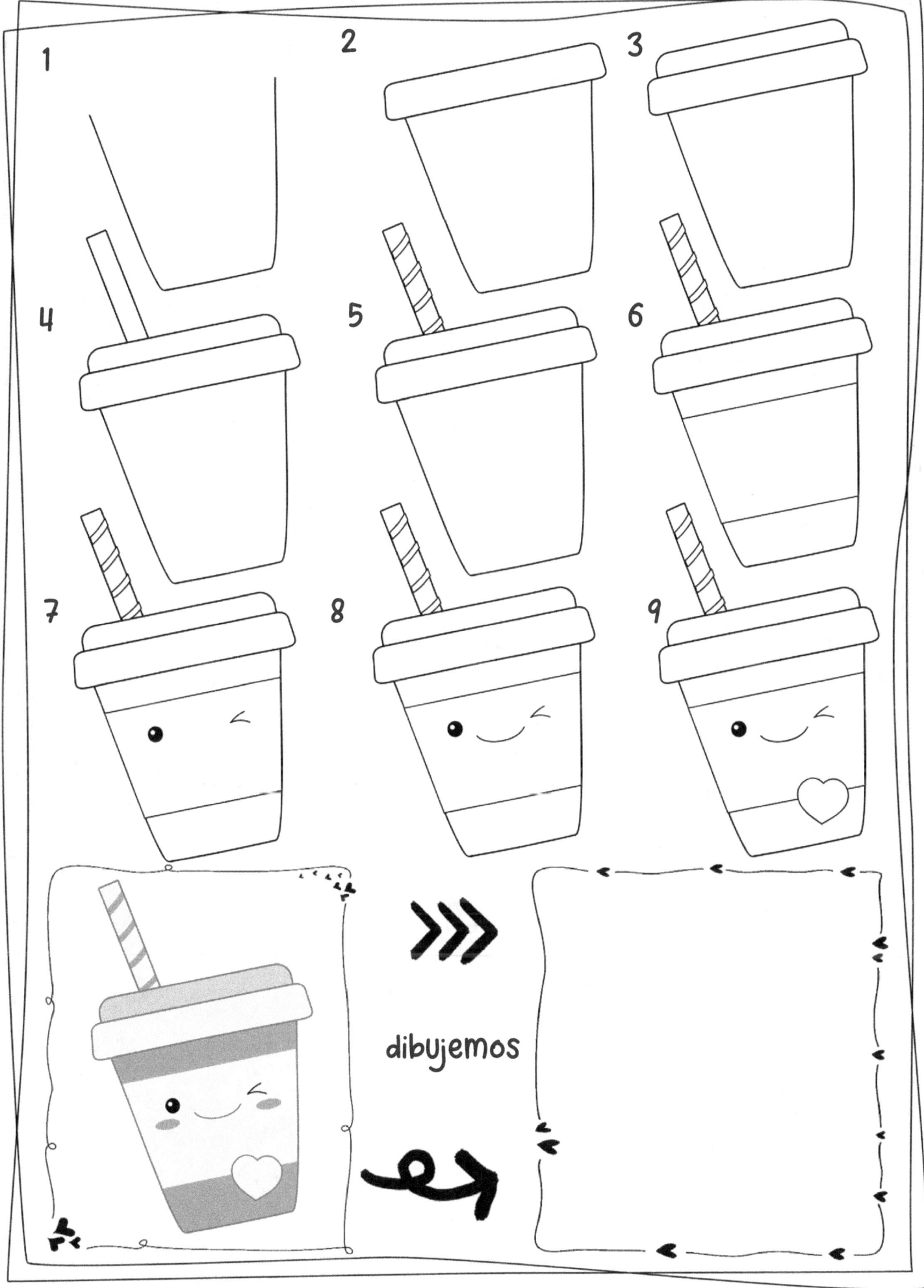

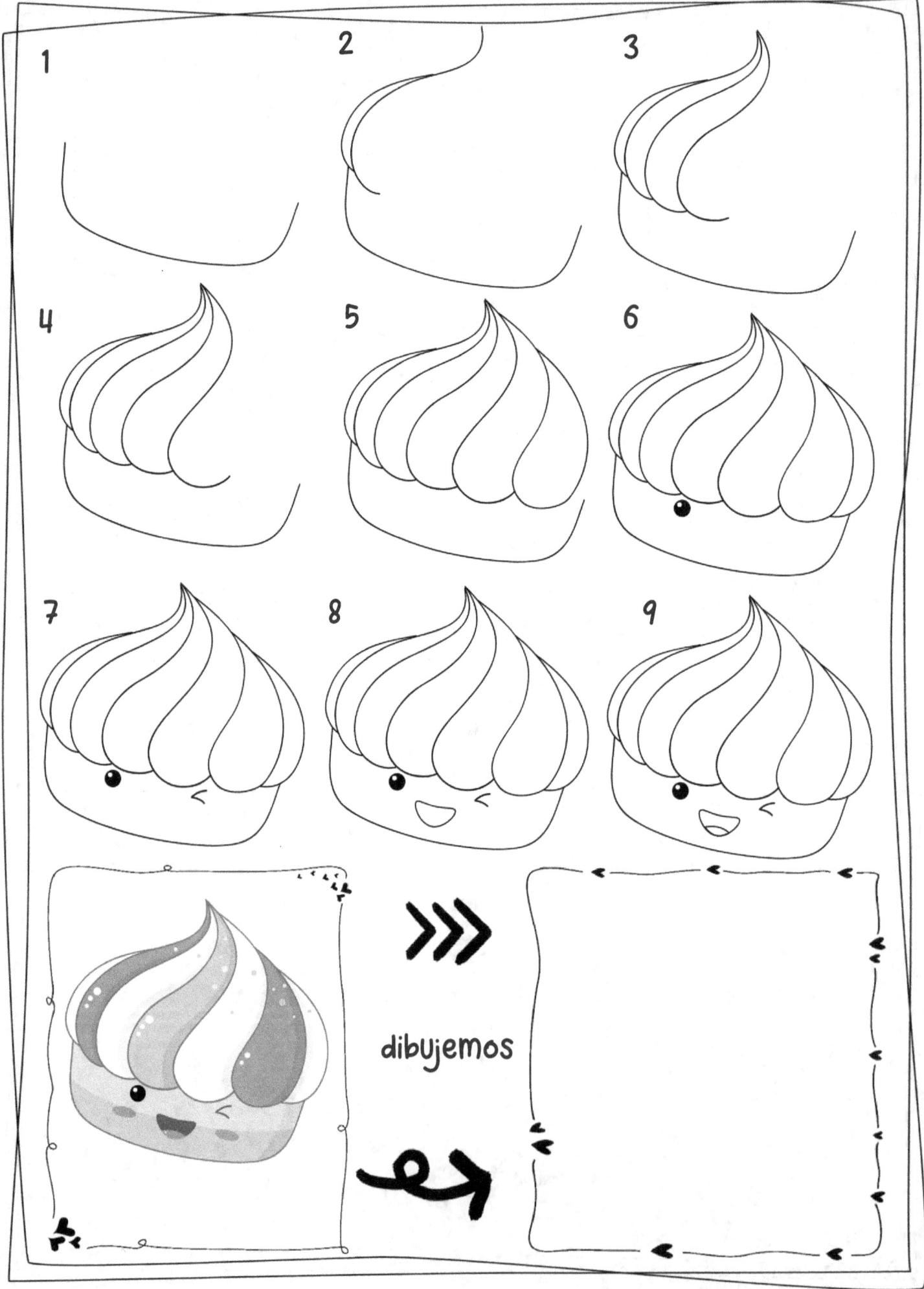

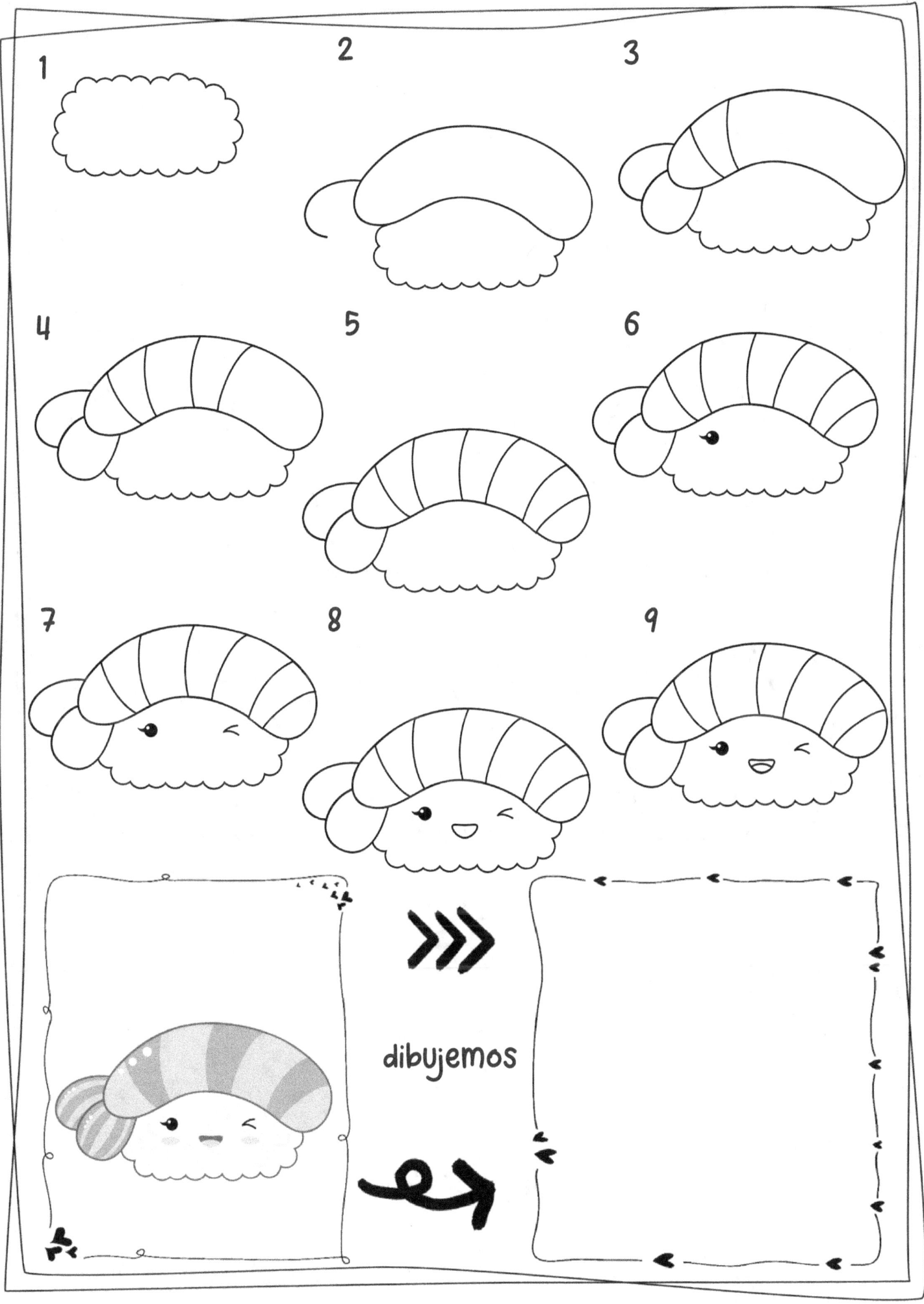

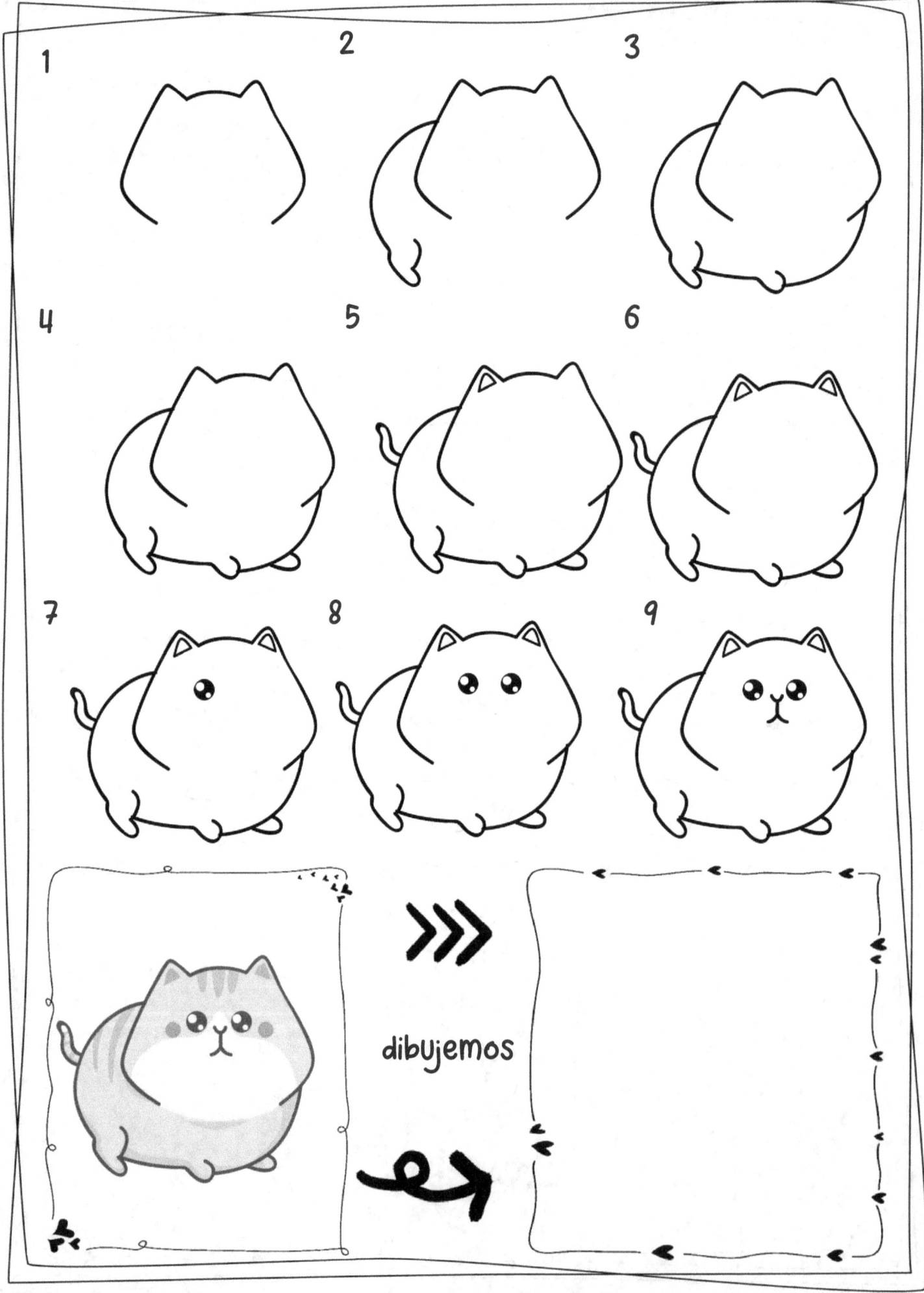

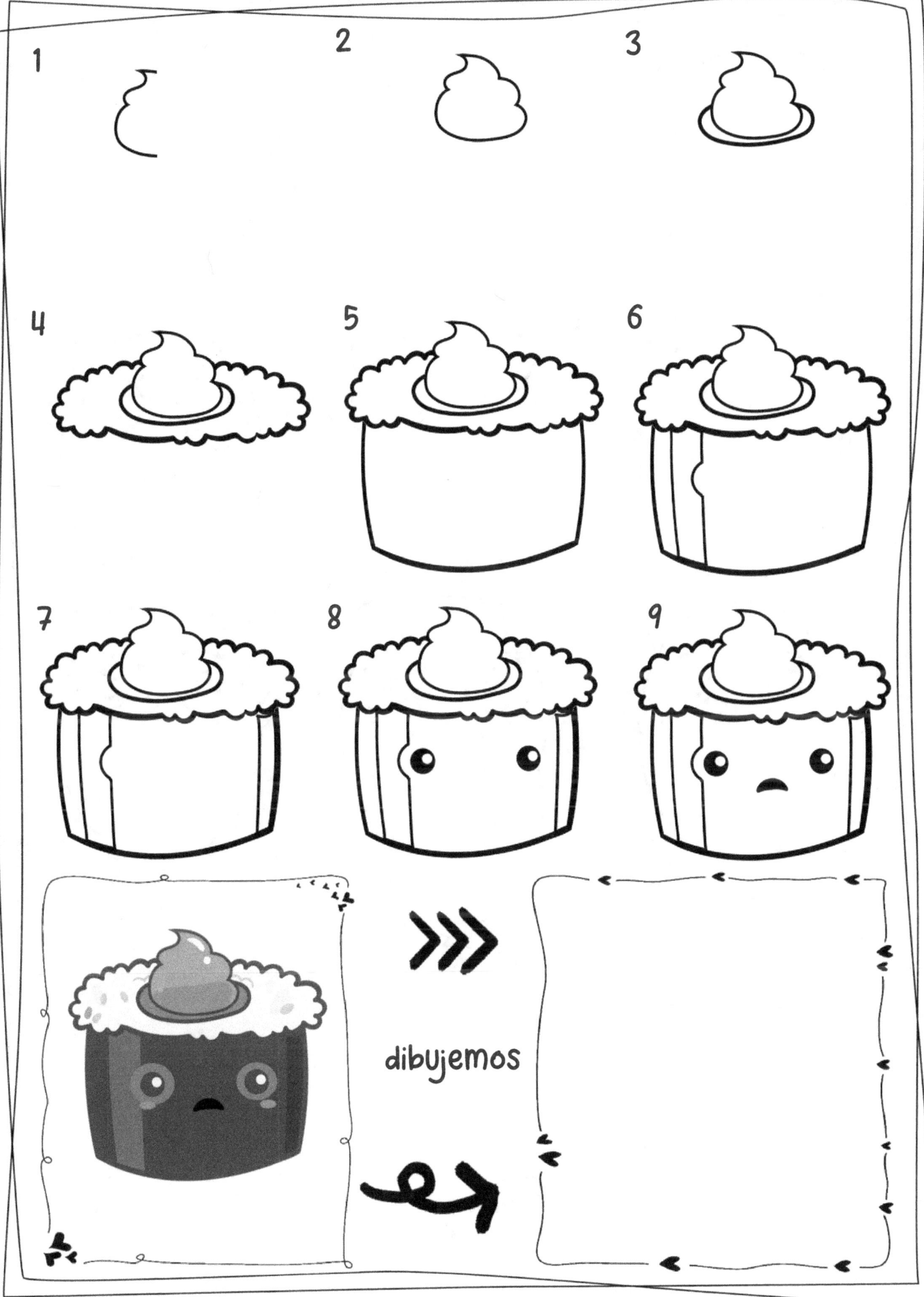

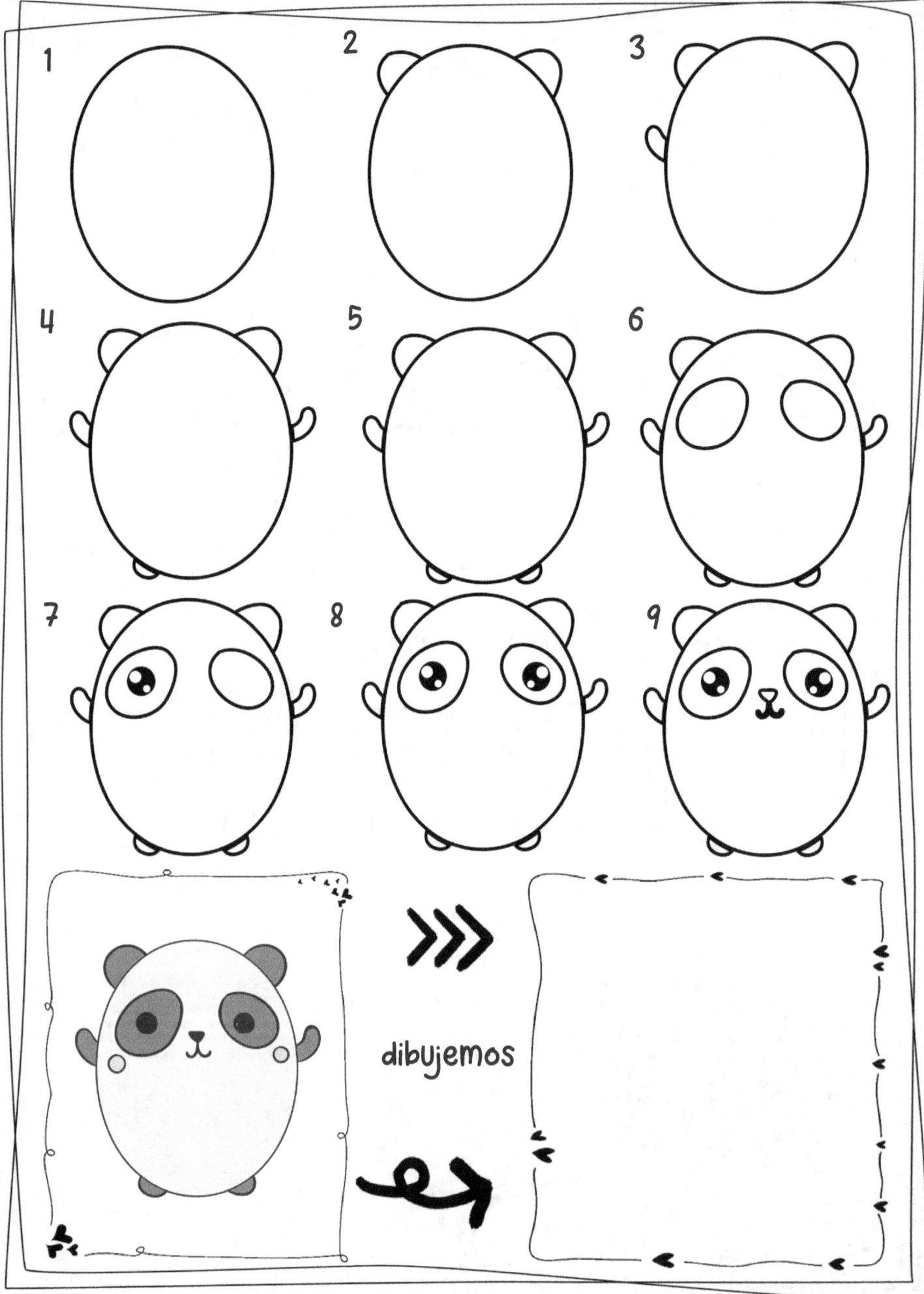

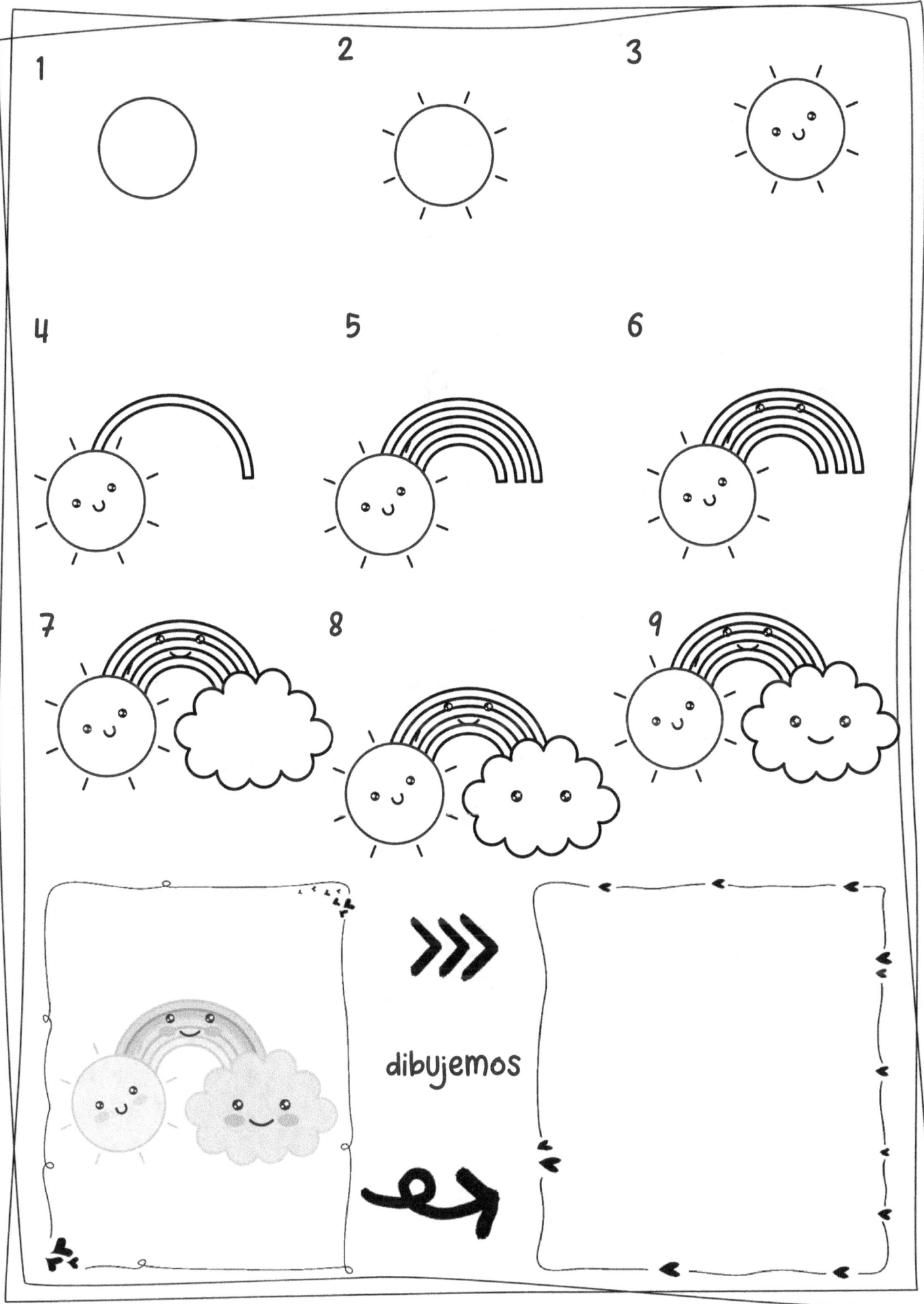

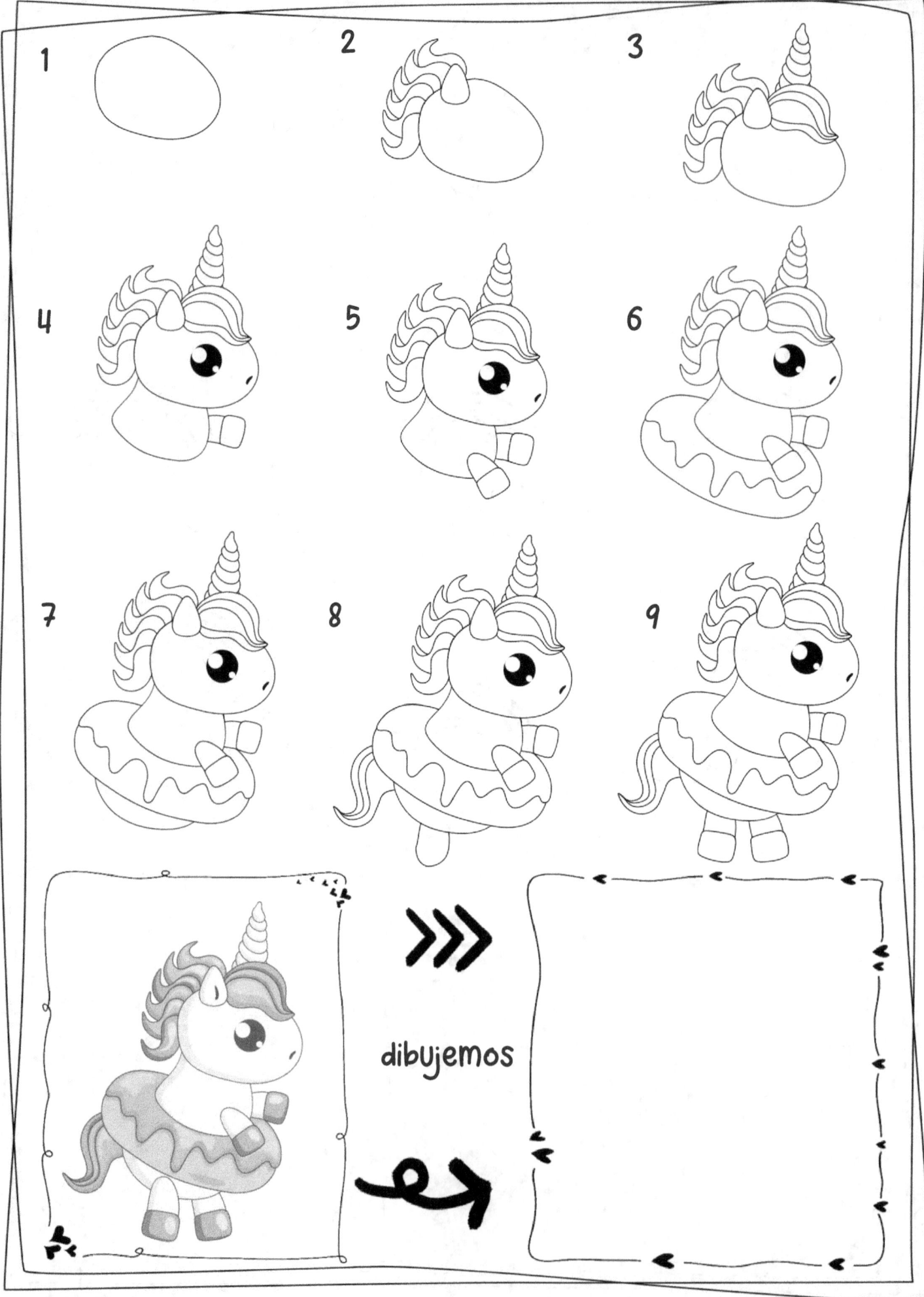

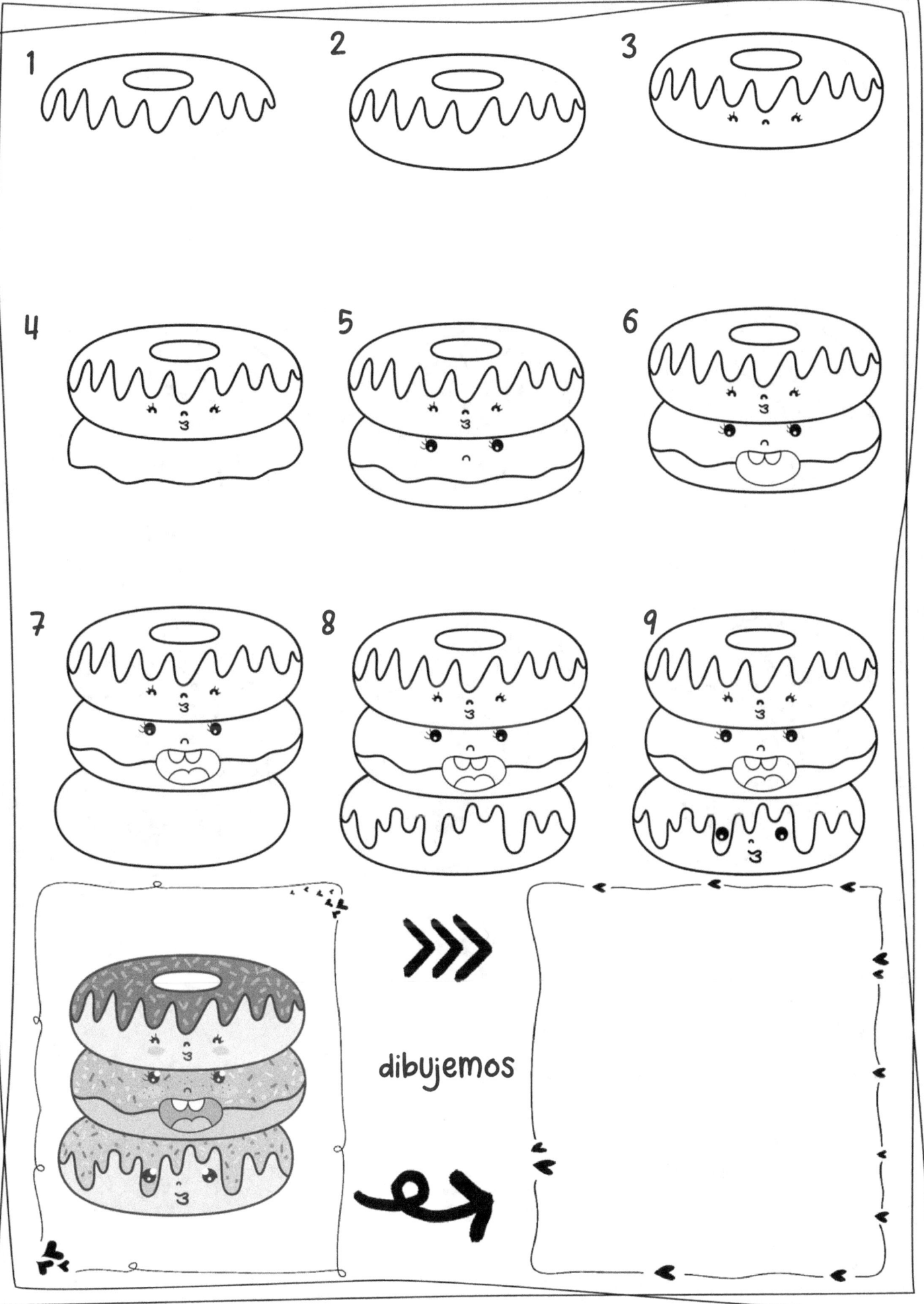

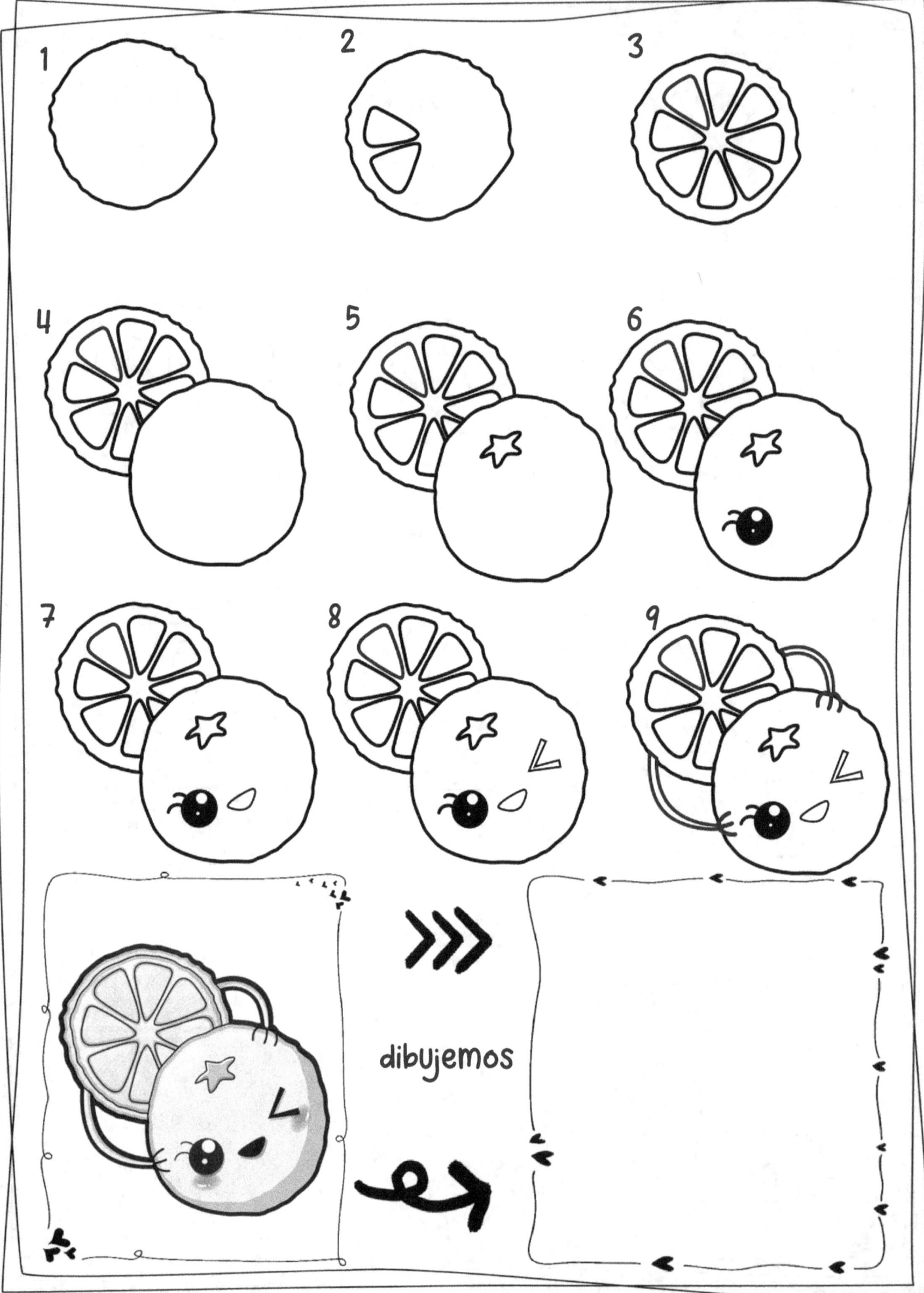

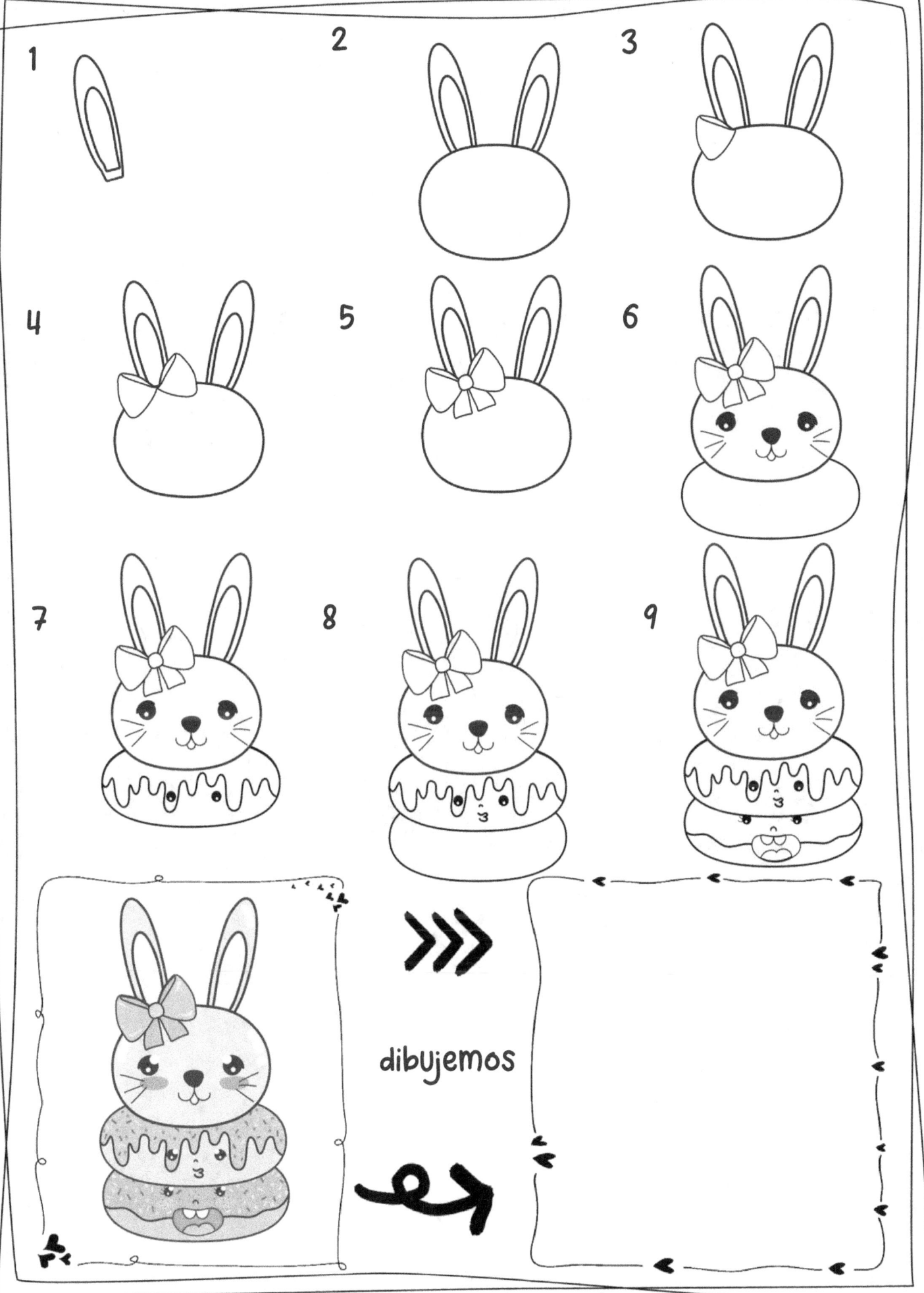

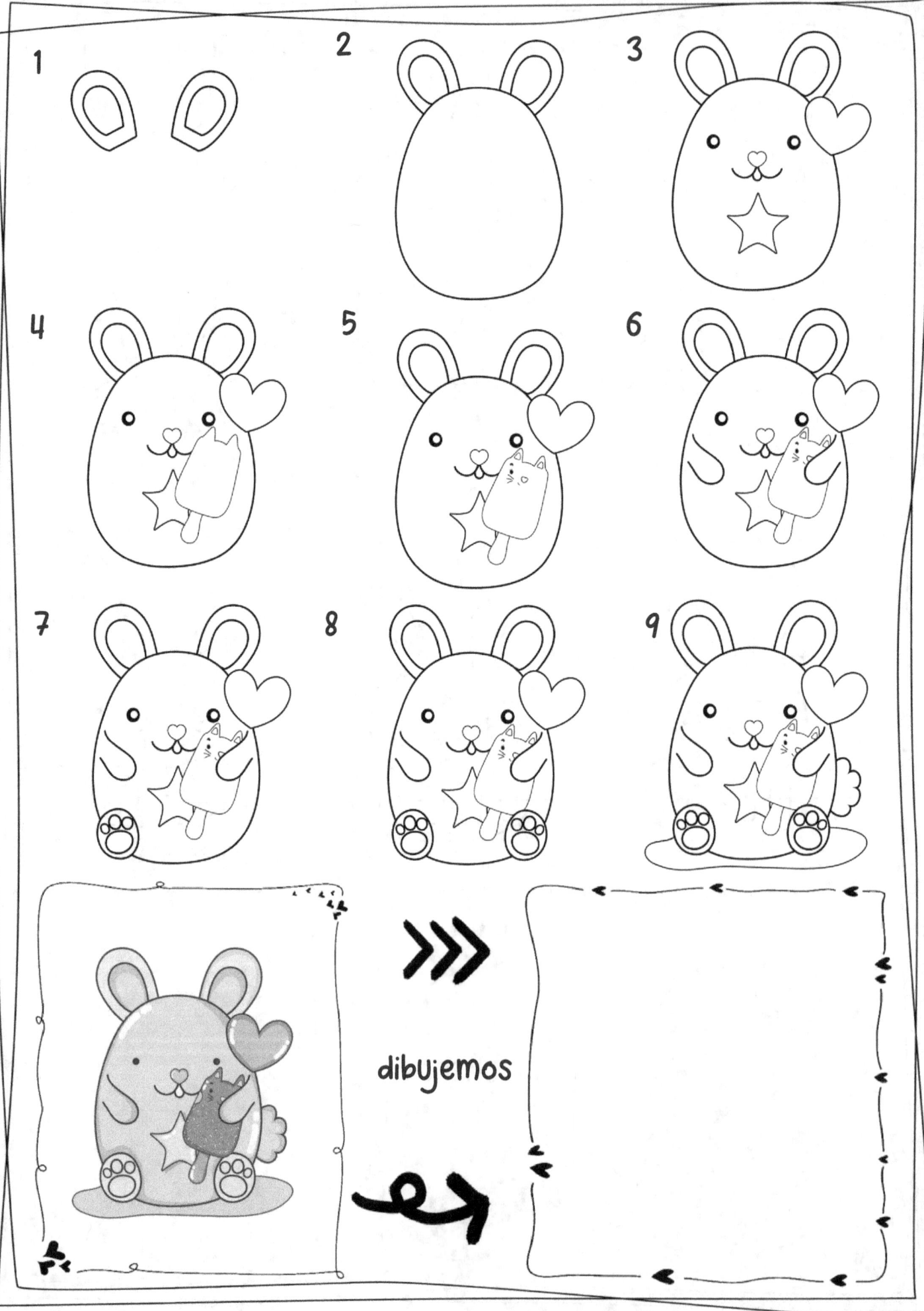

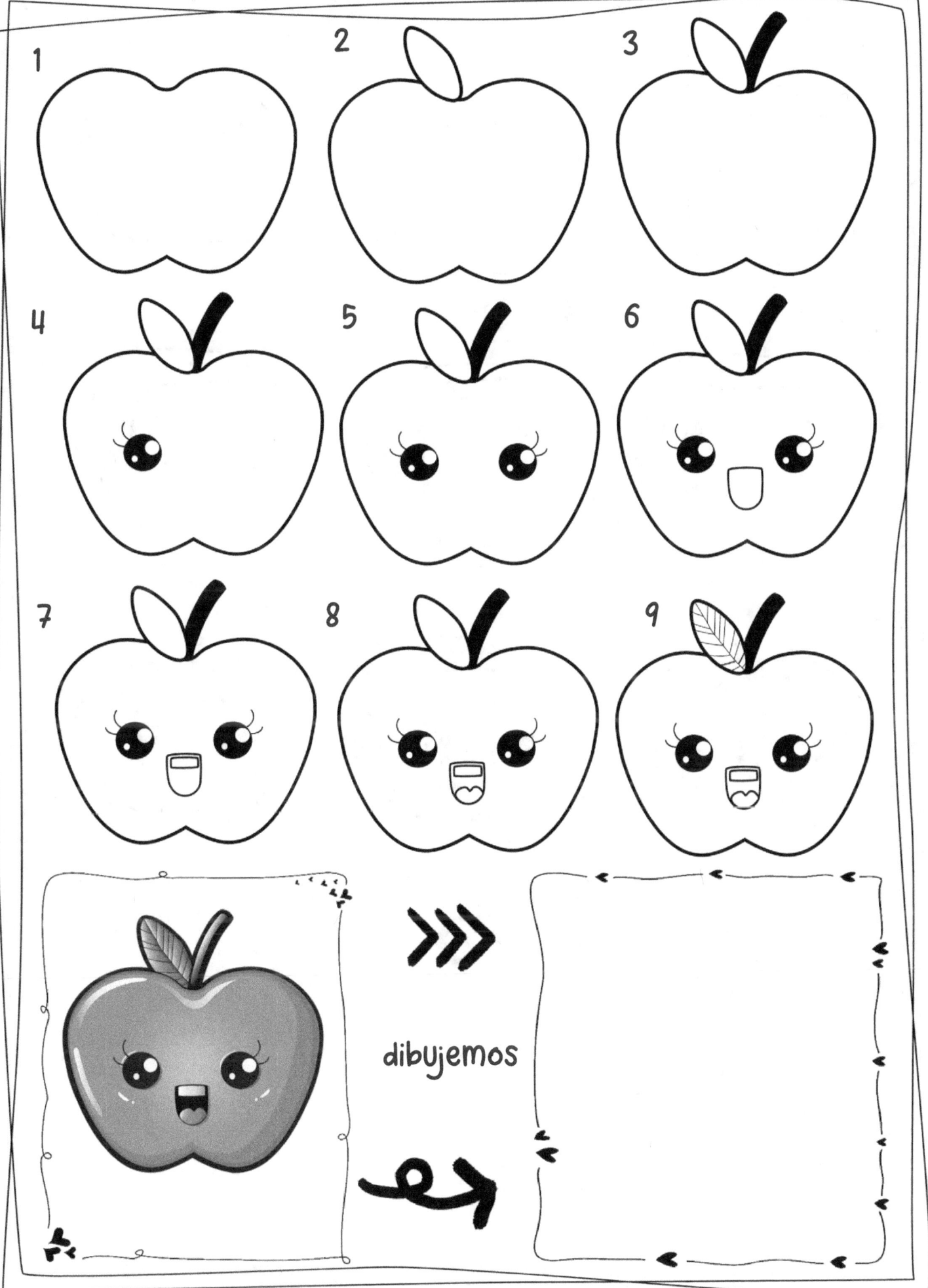

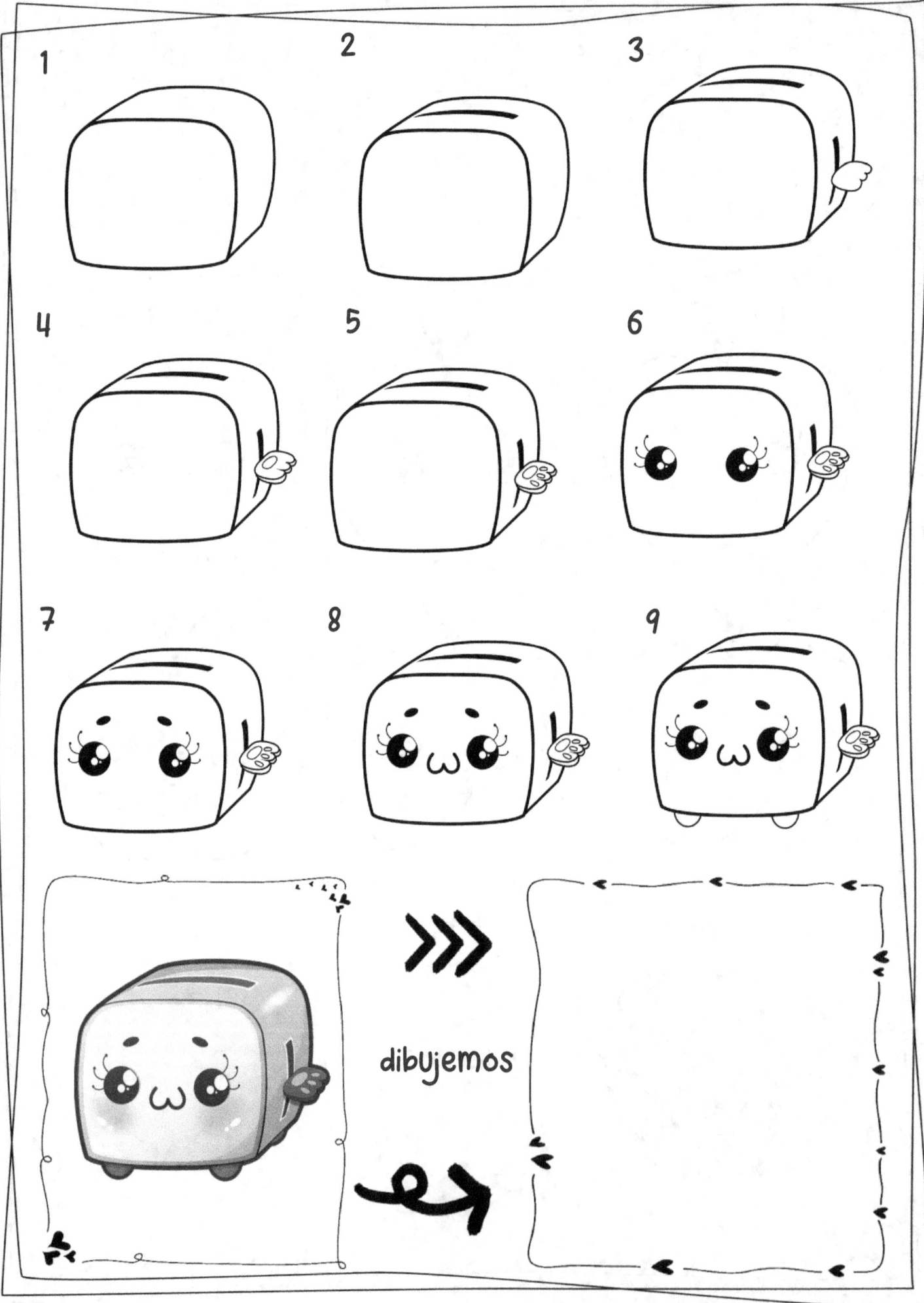

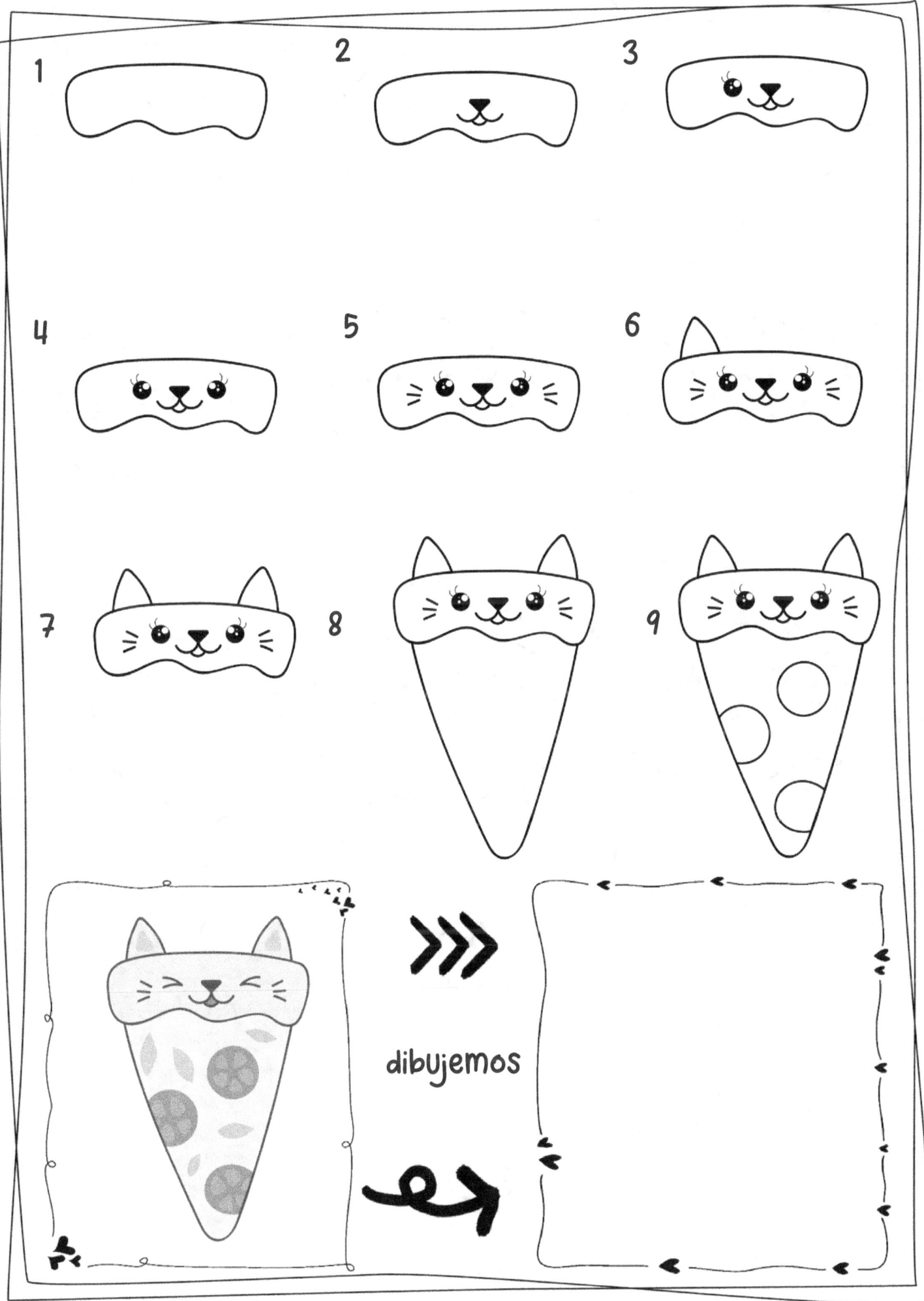
dibujemos

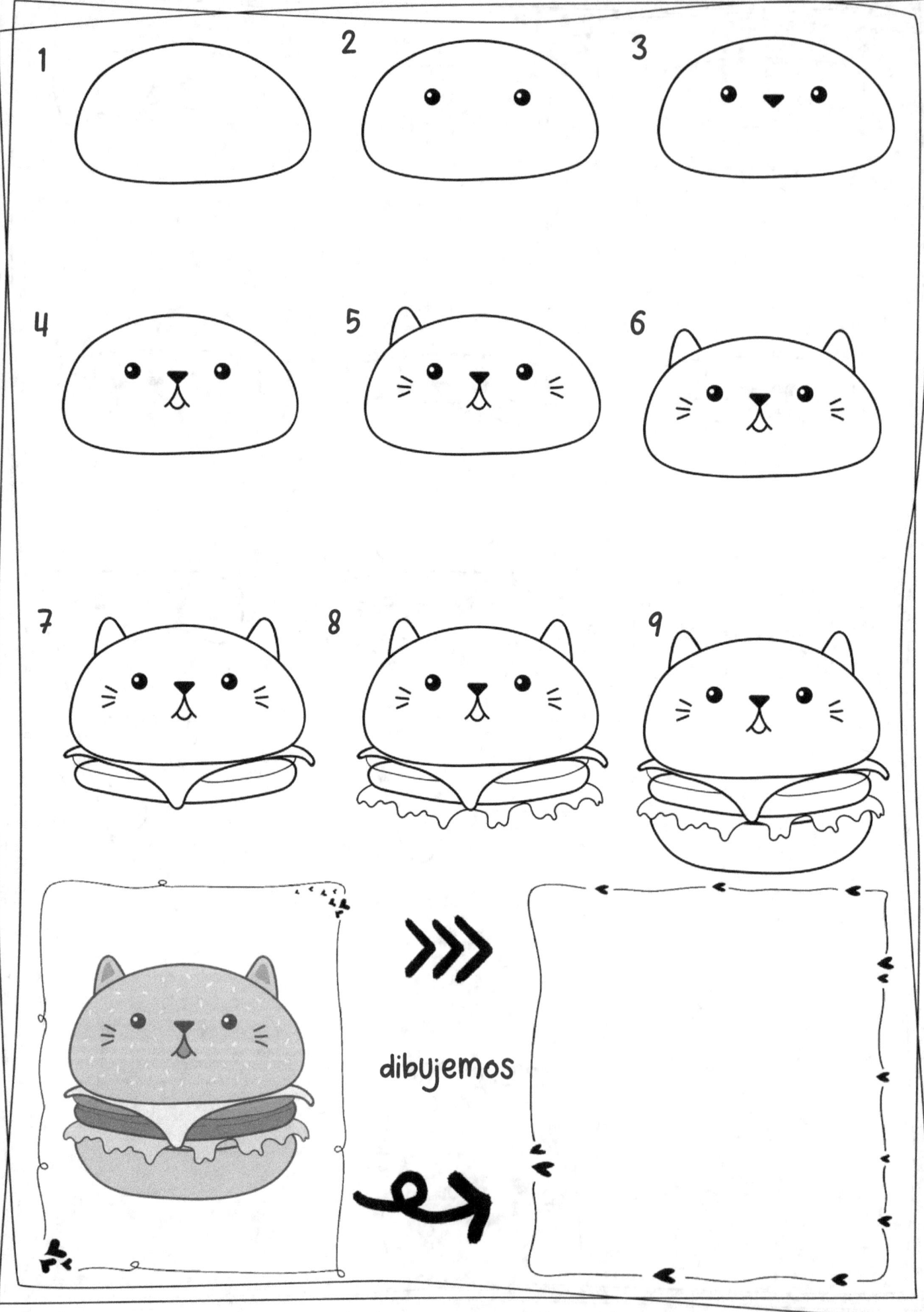

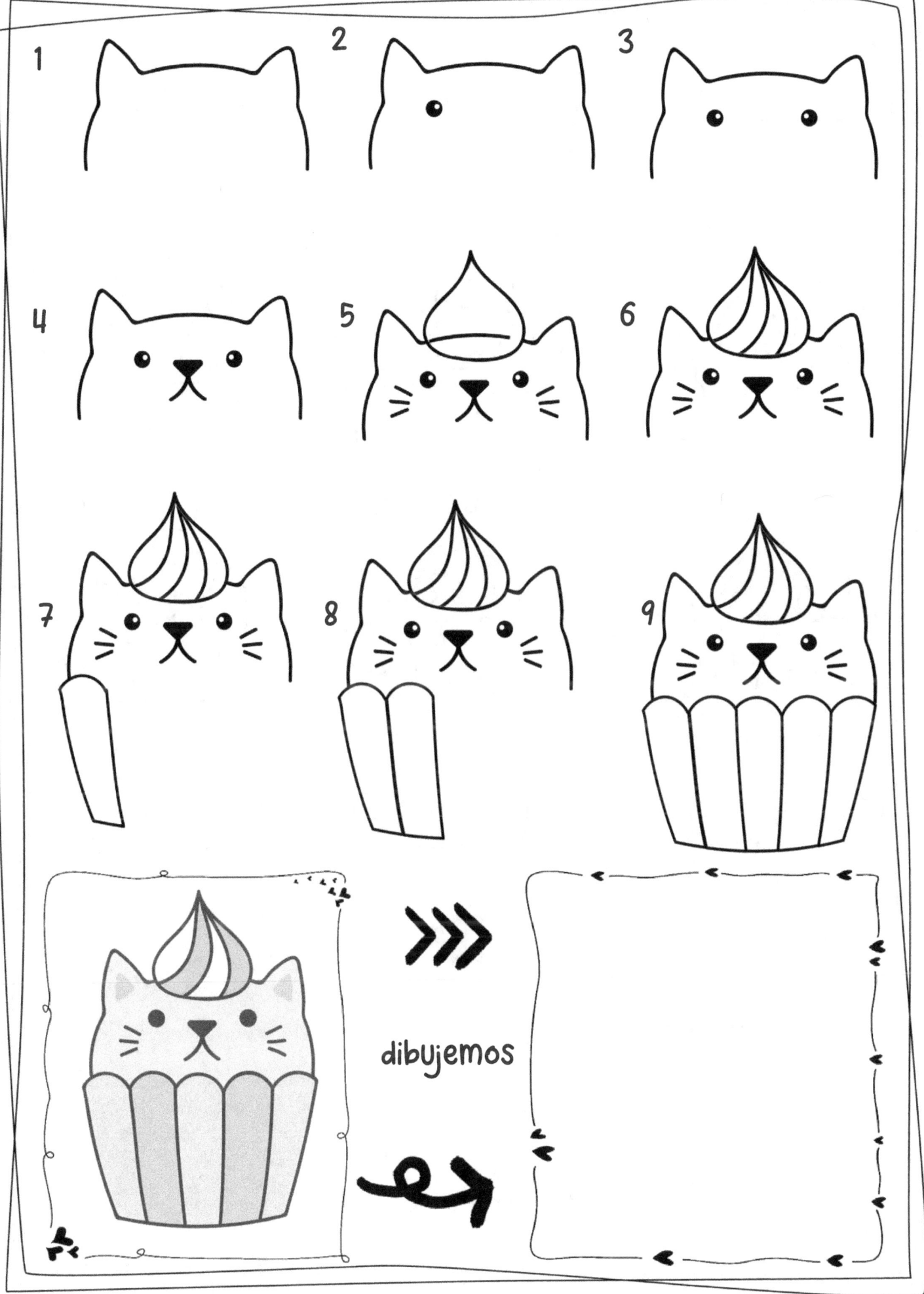

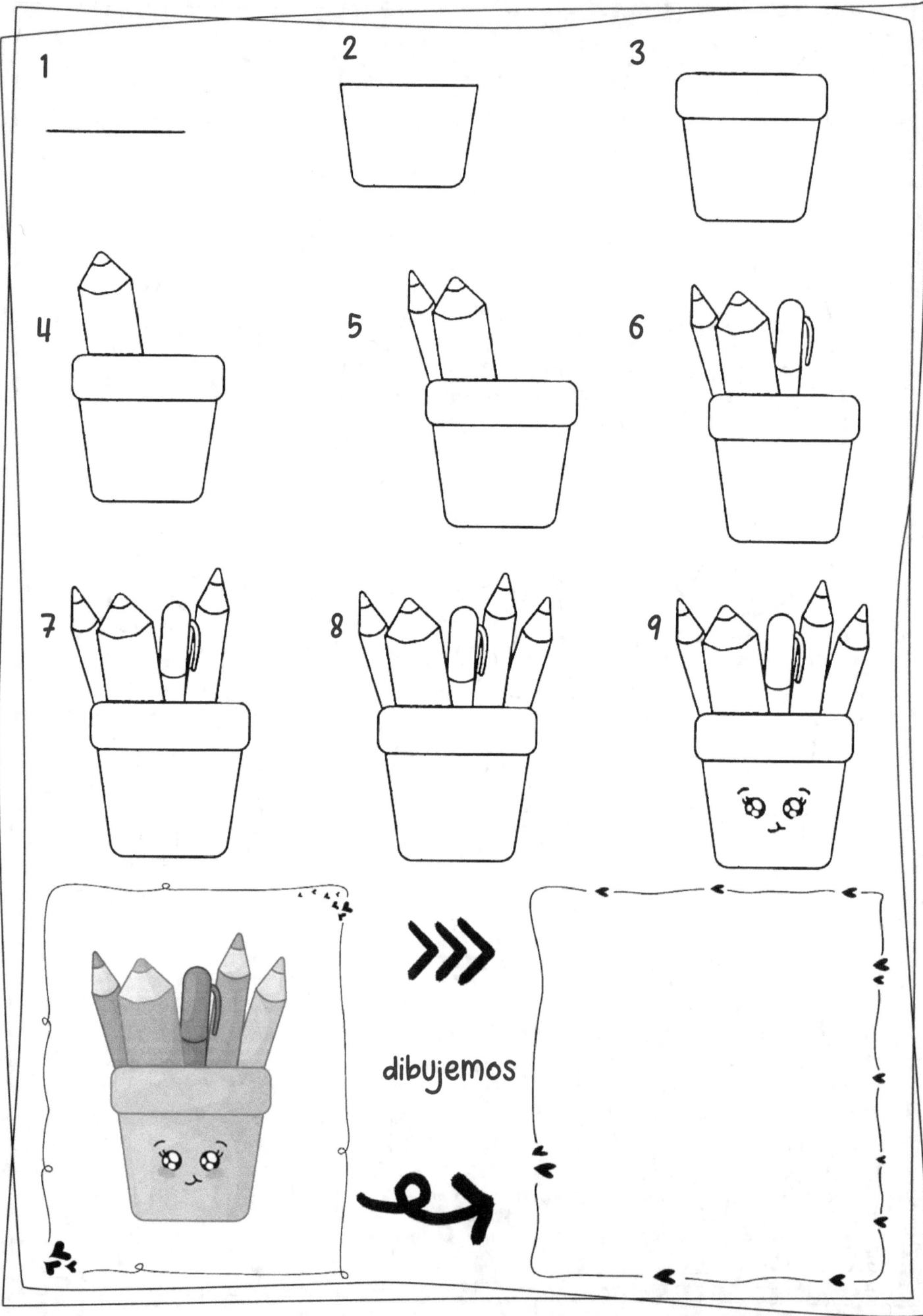

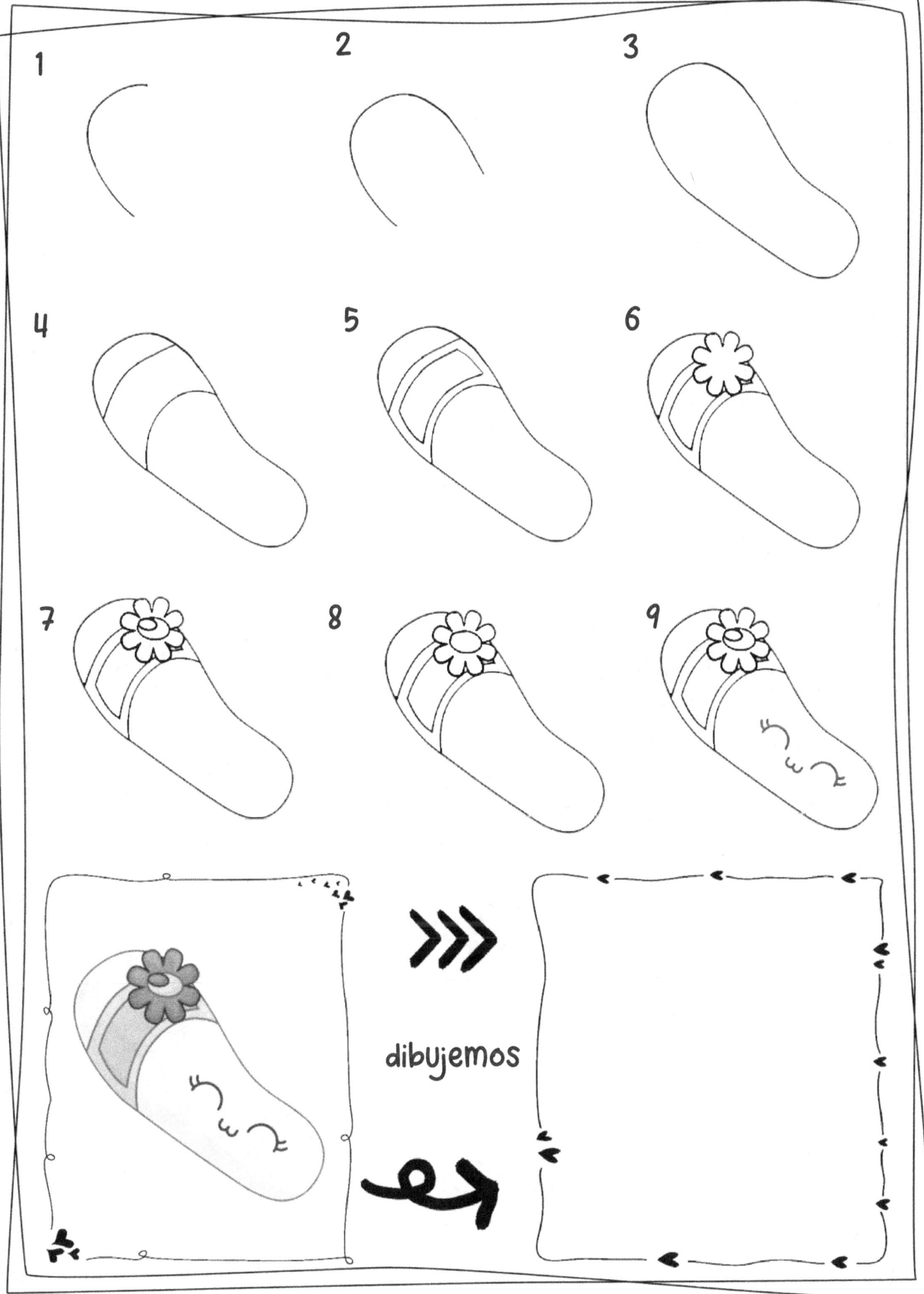

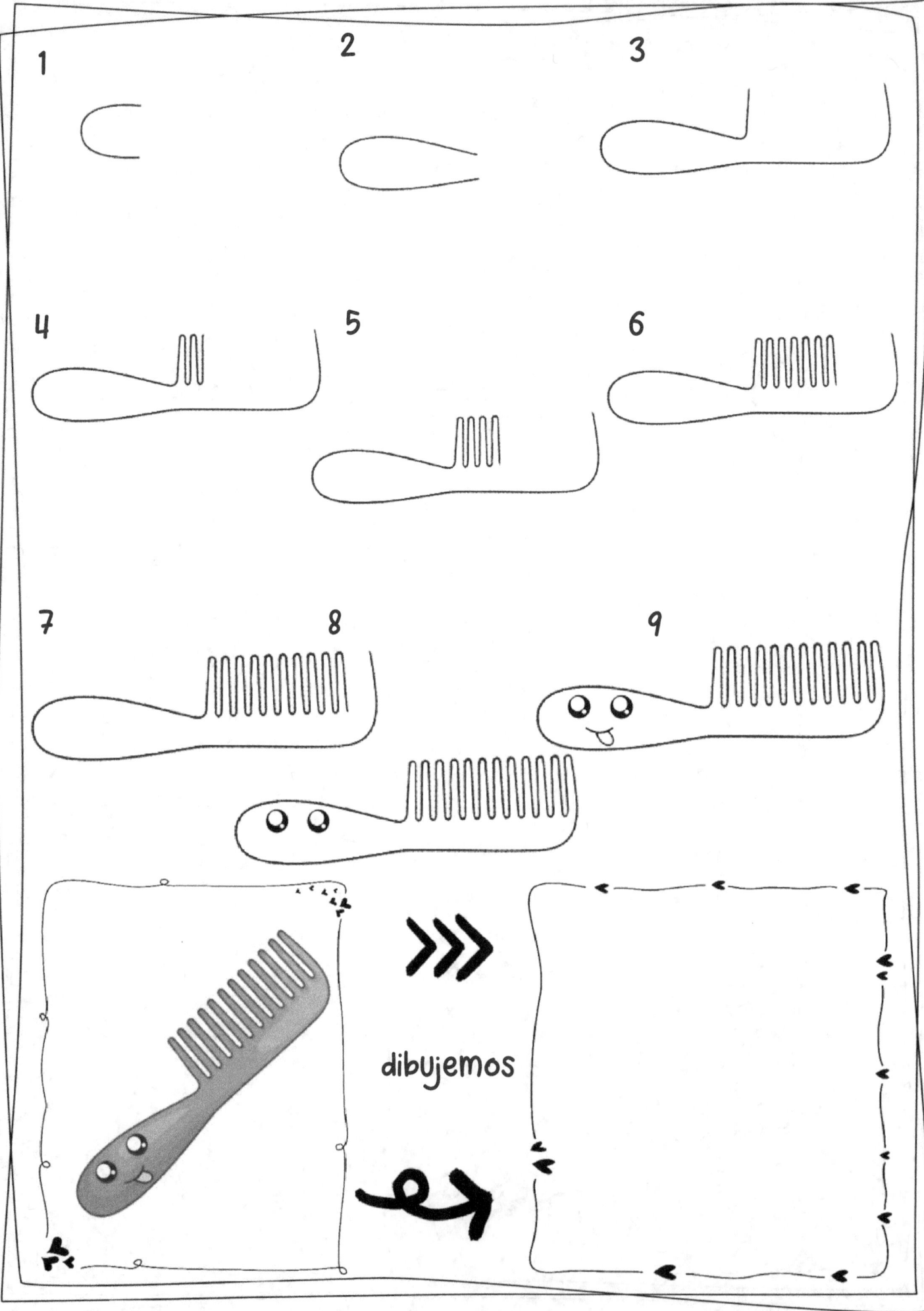

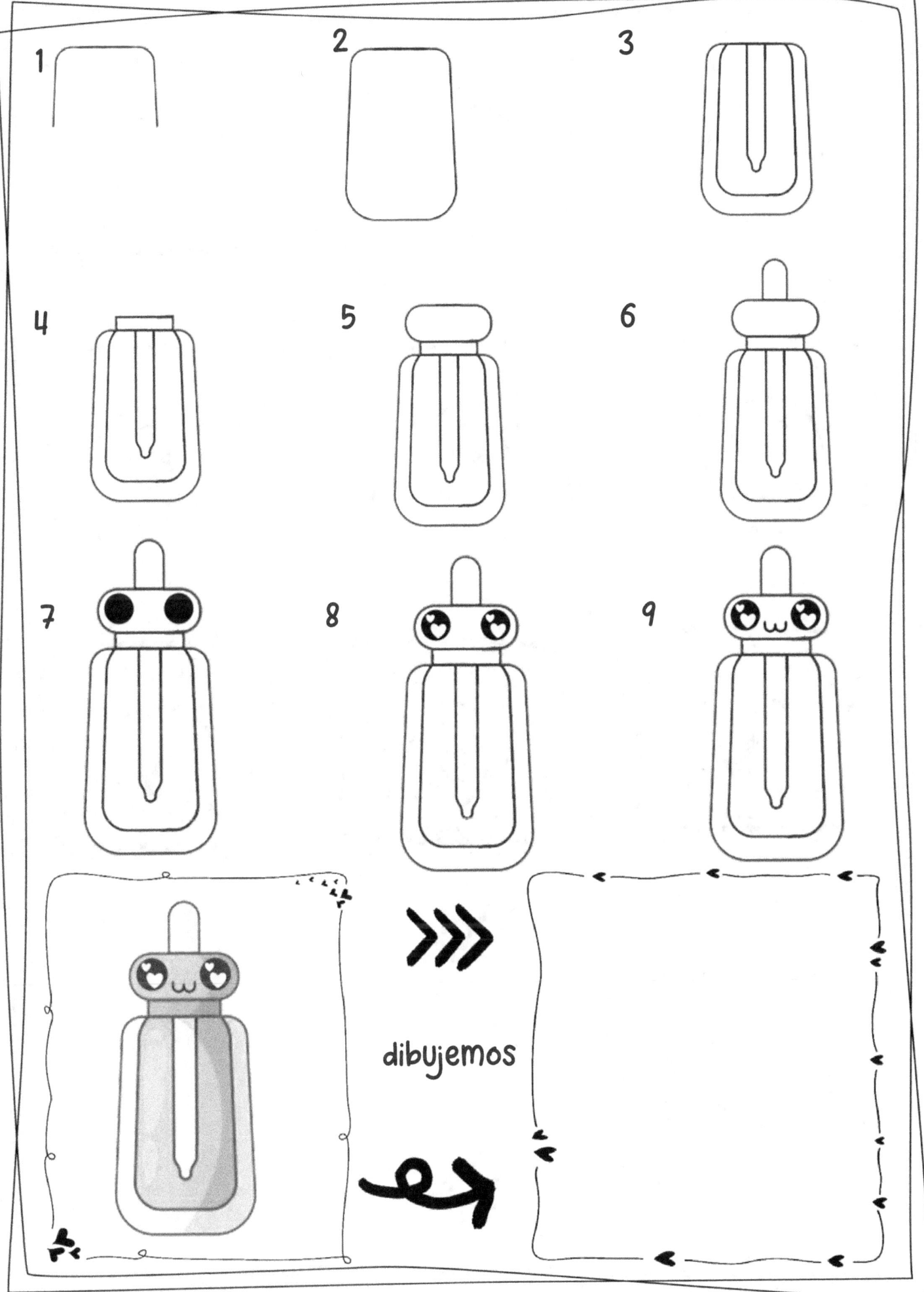

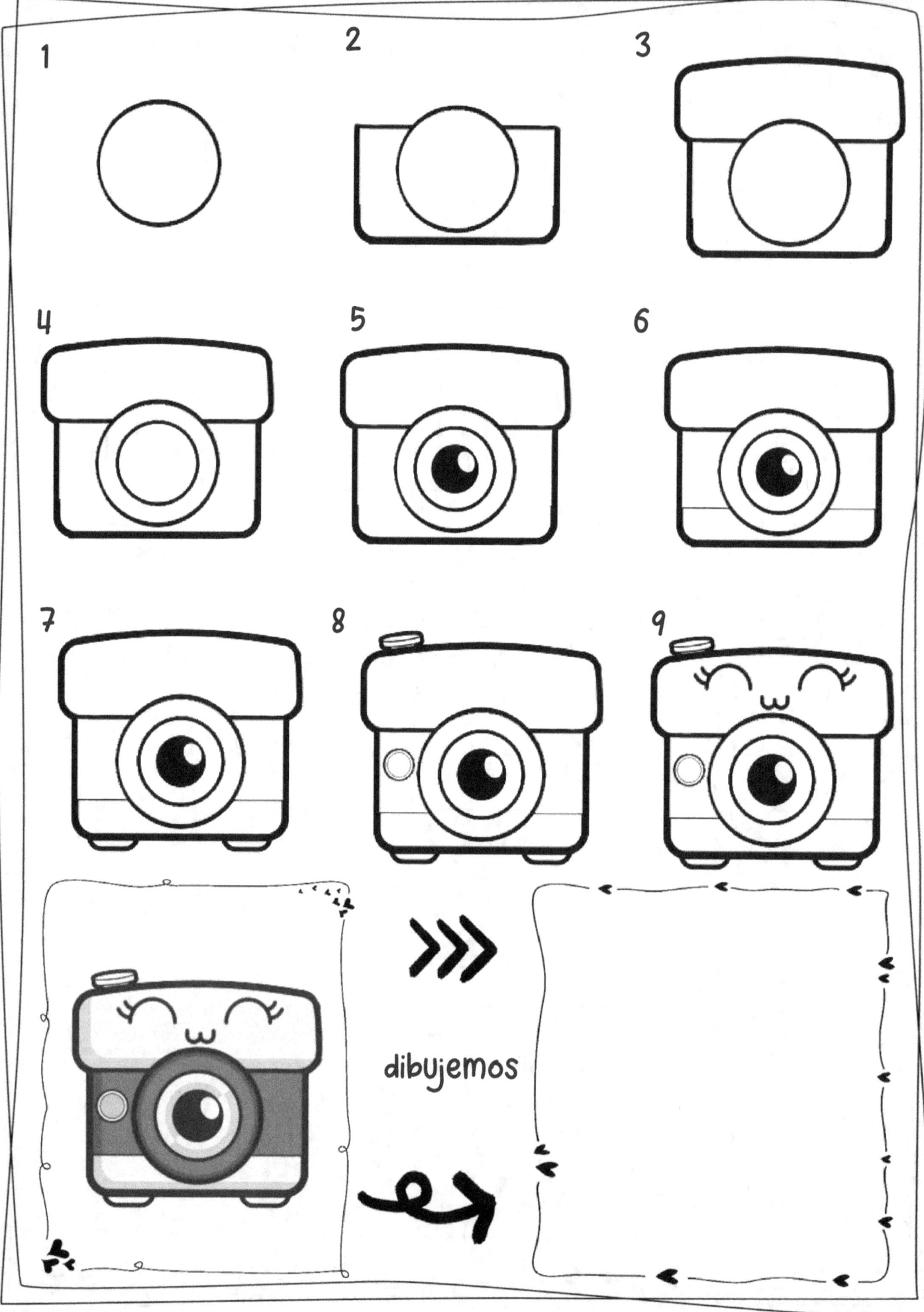

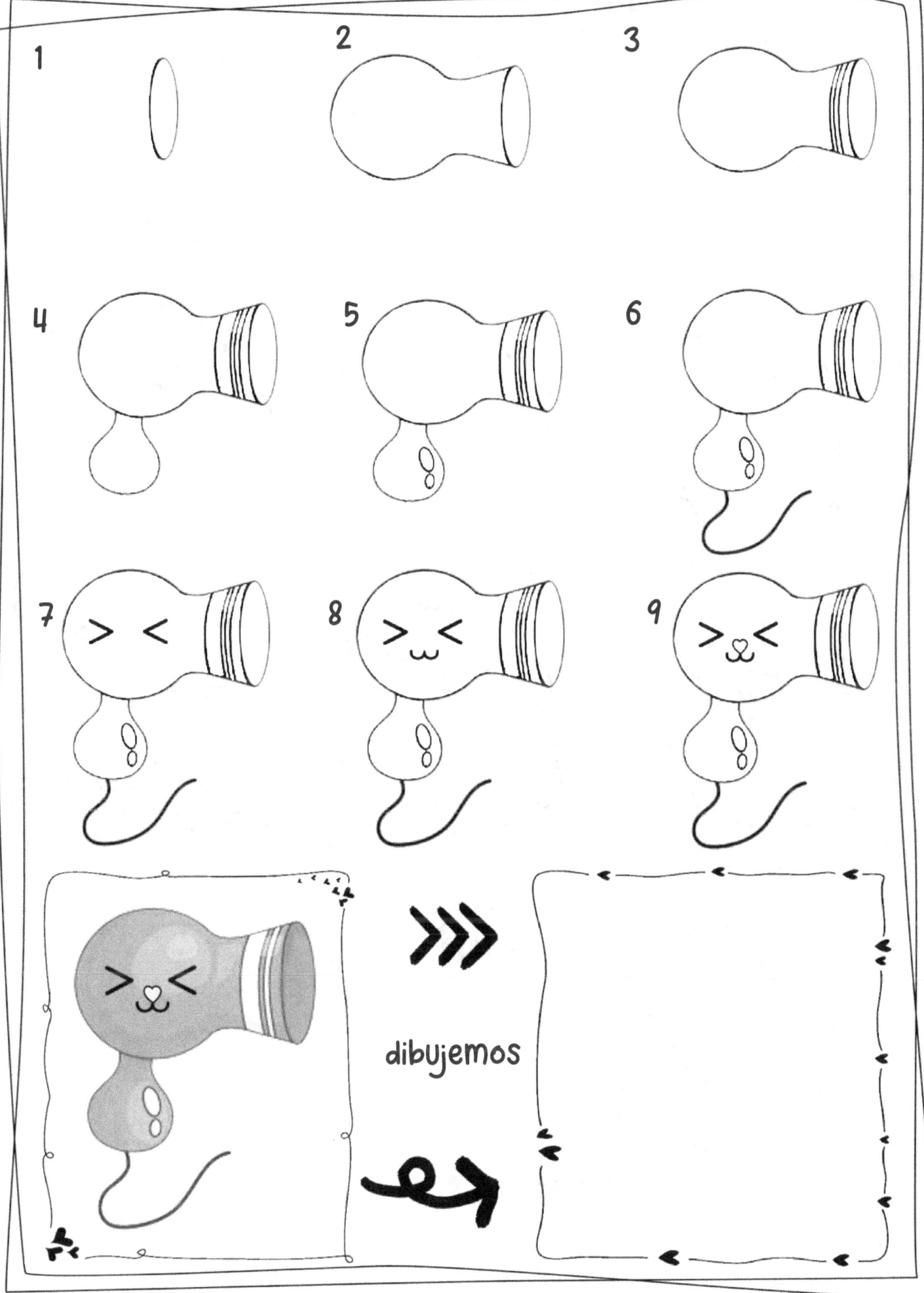

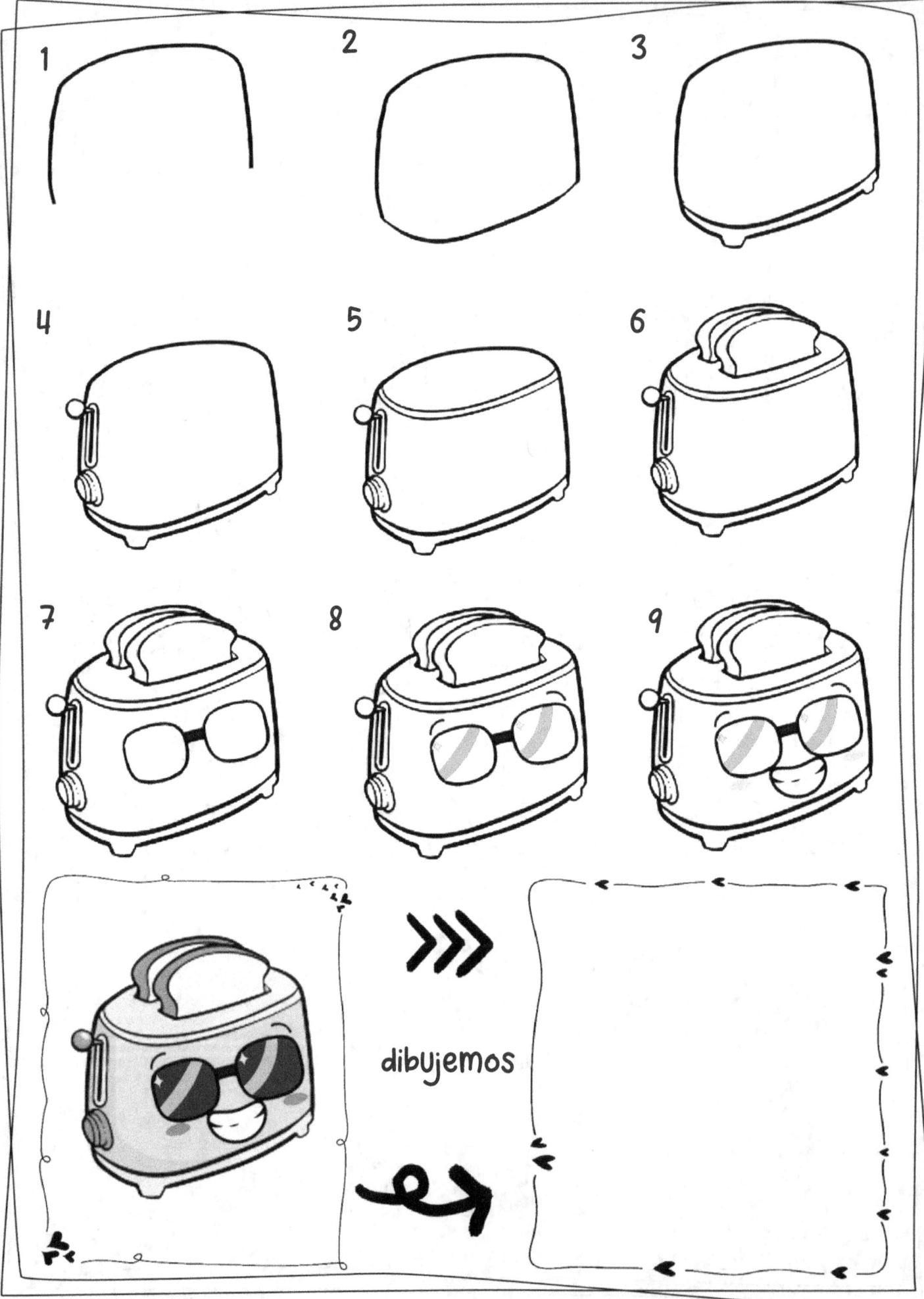

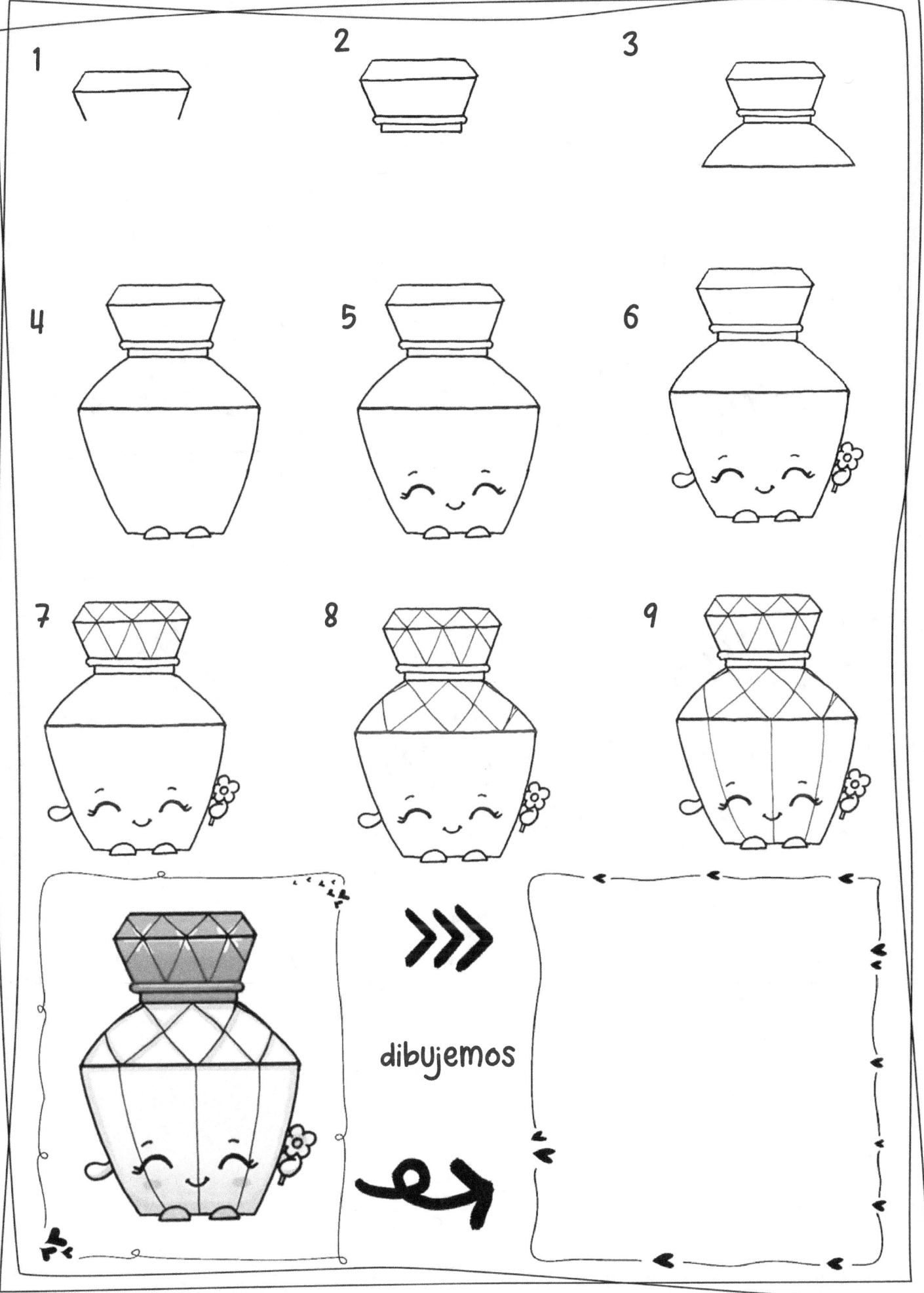

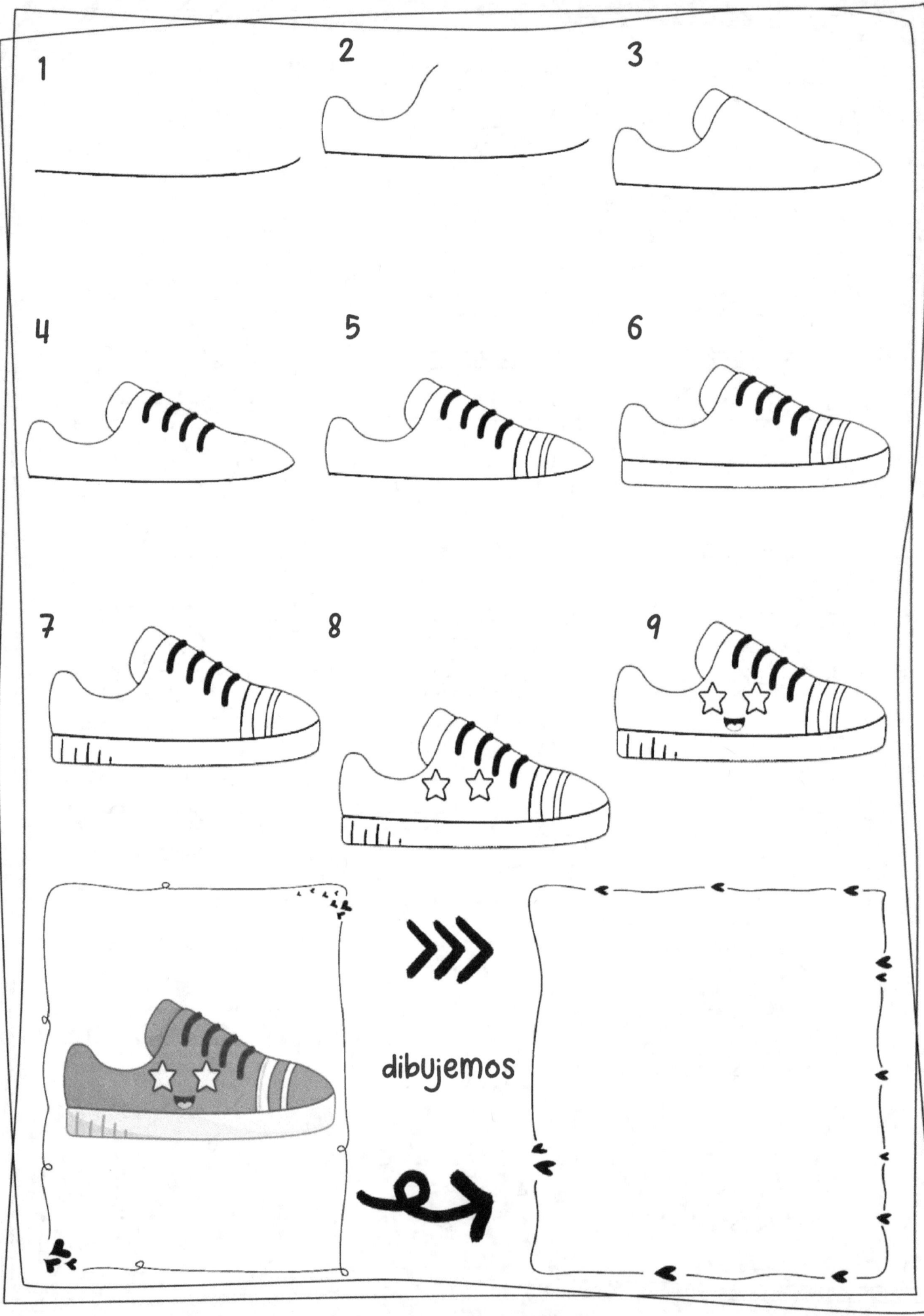

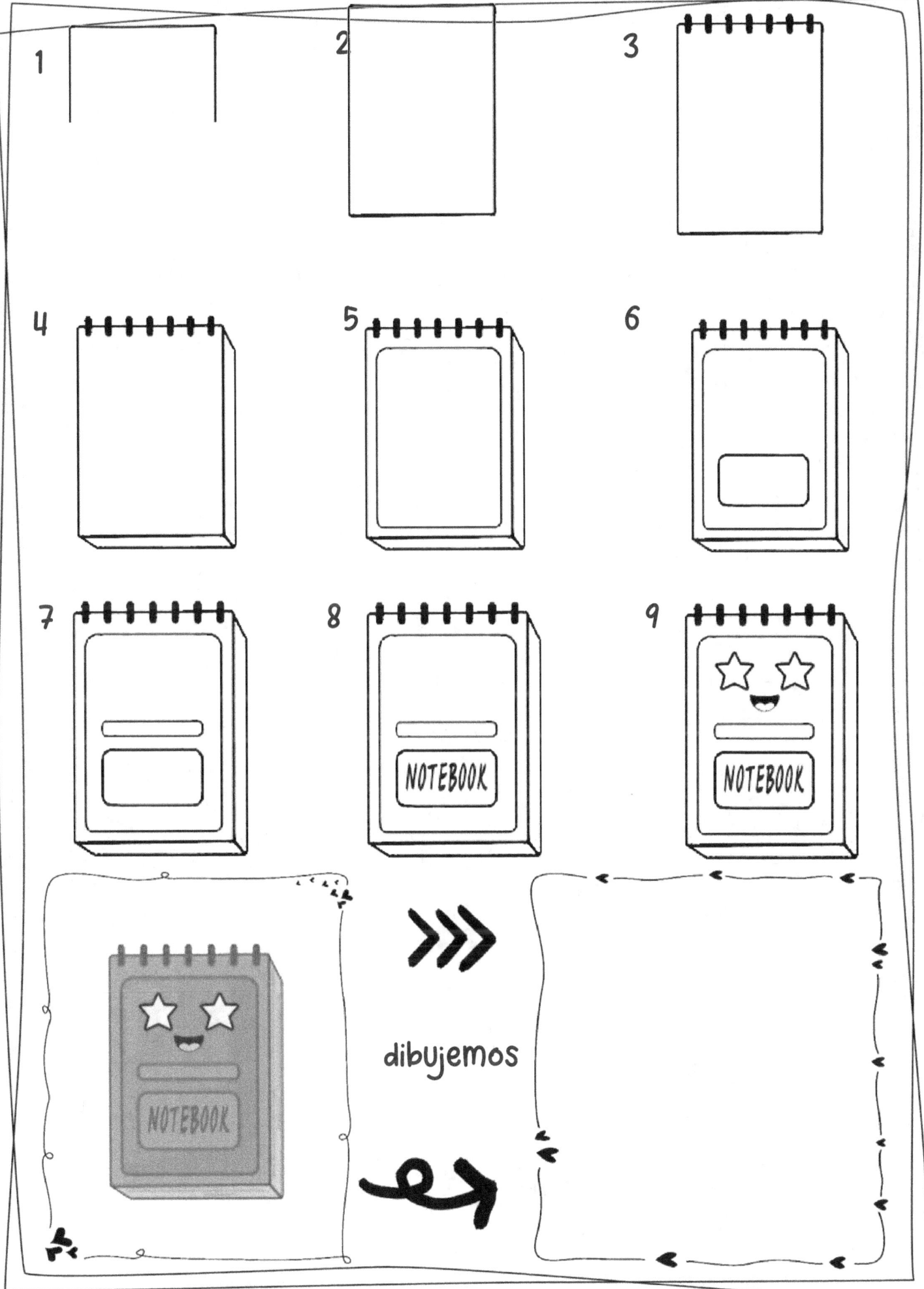

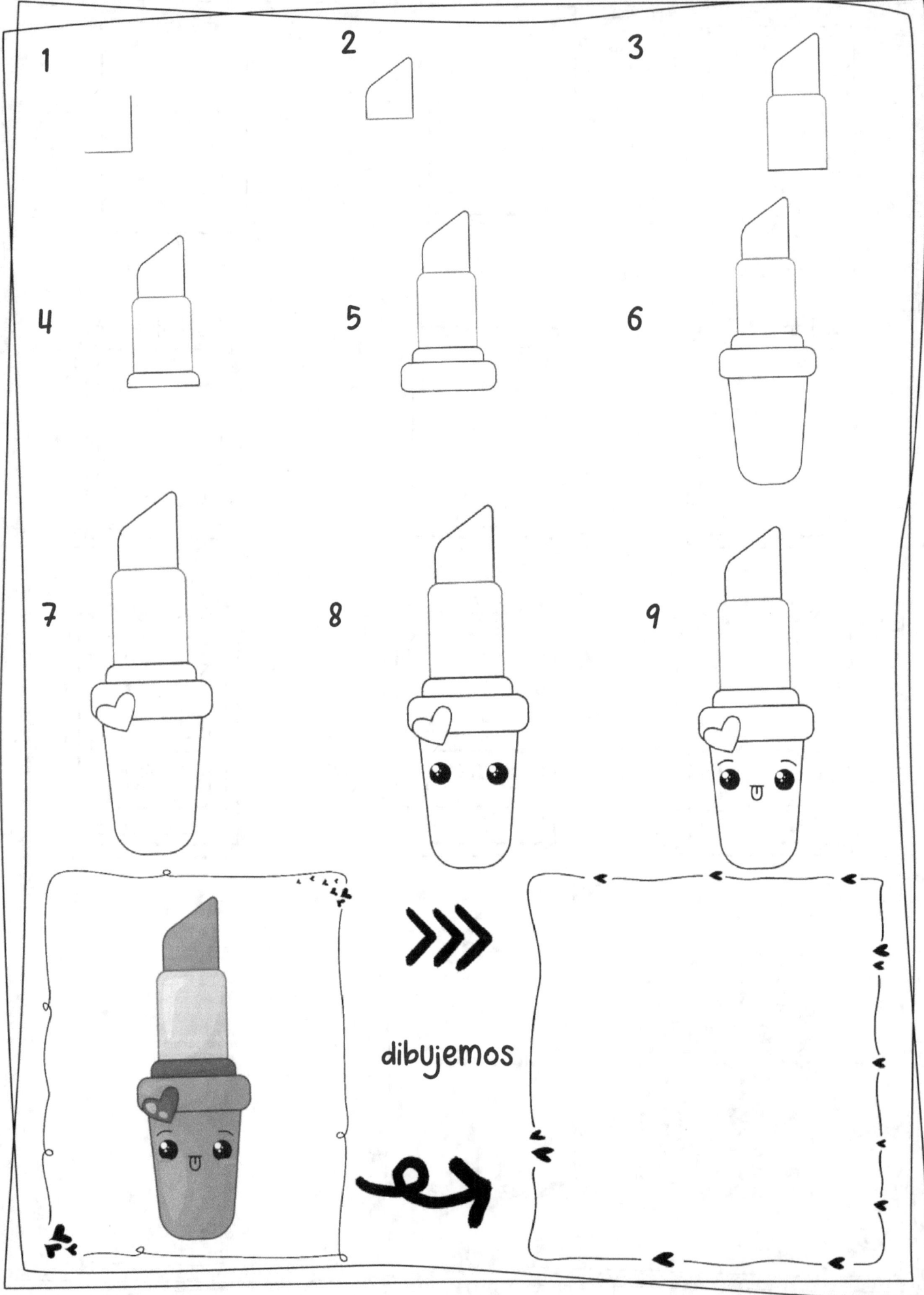

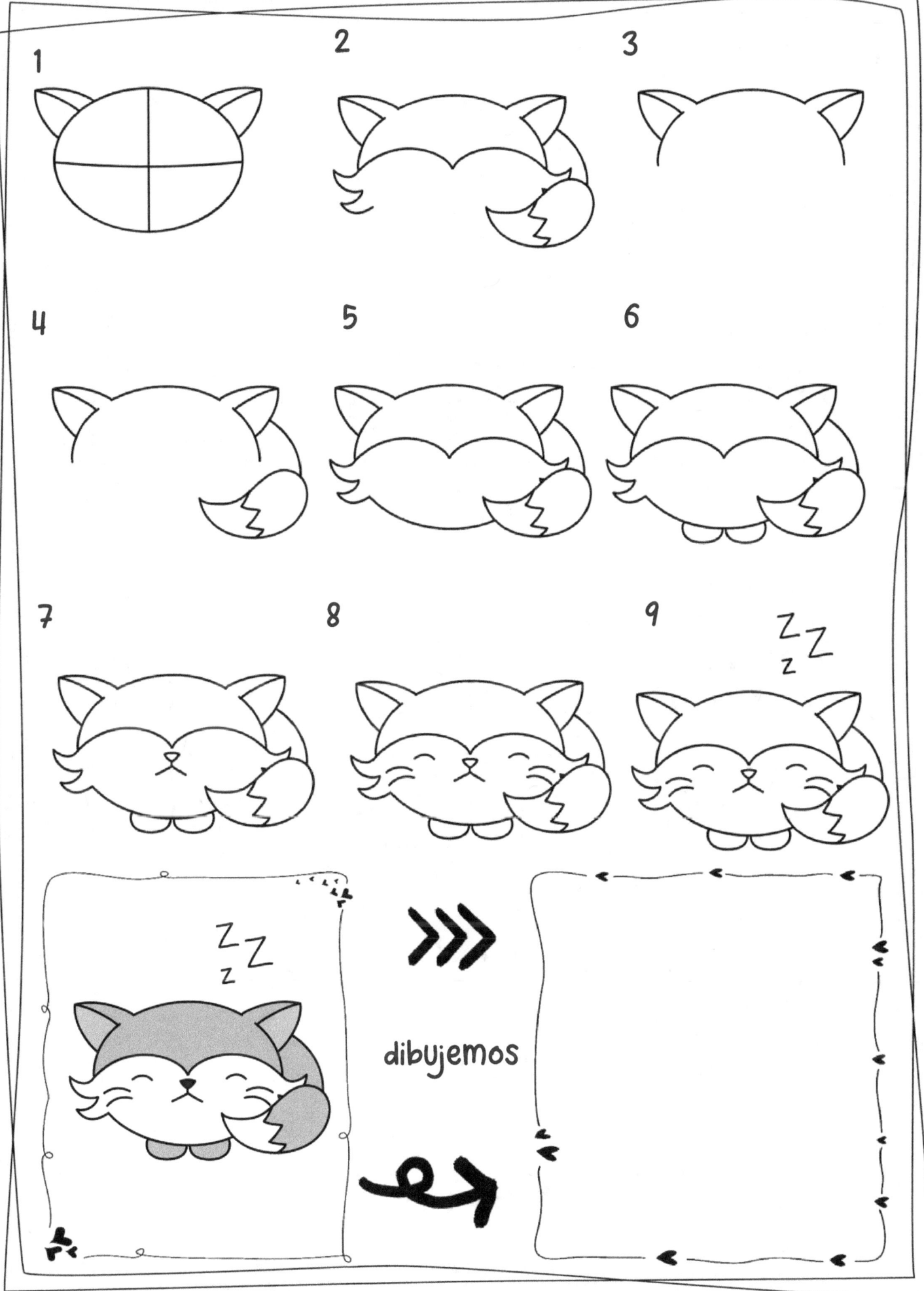

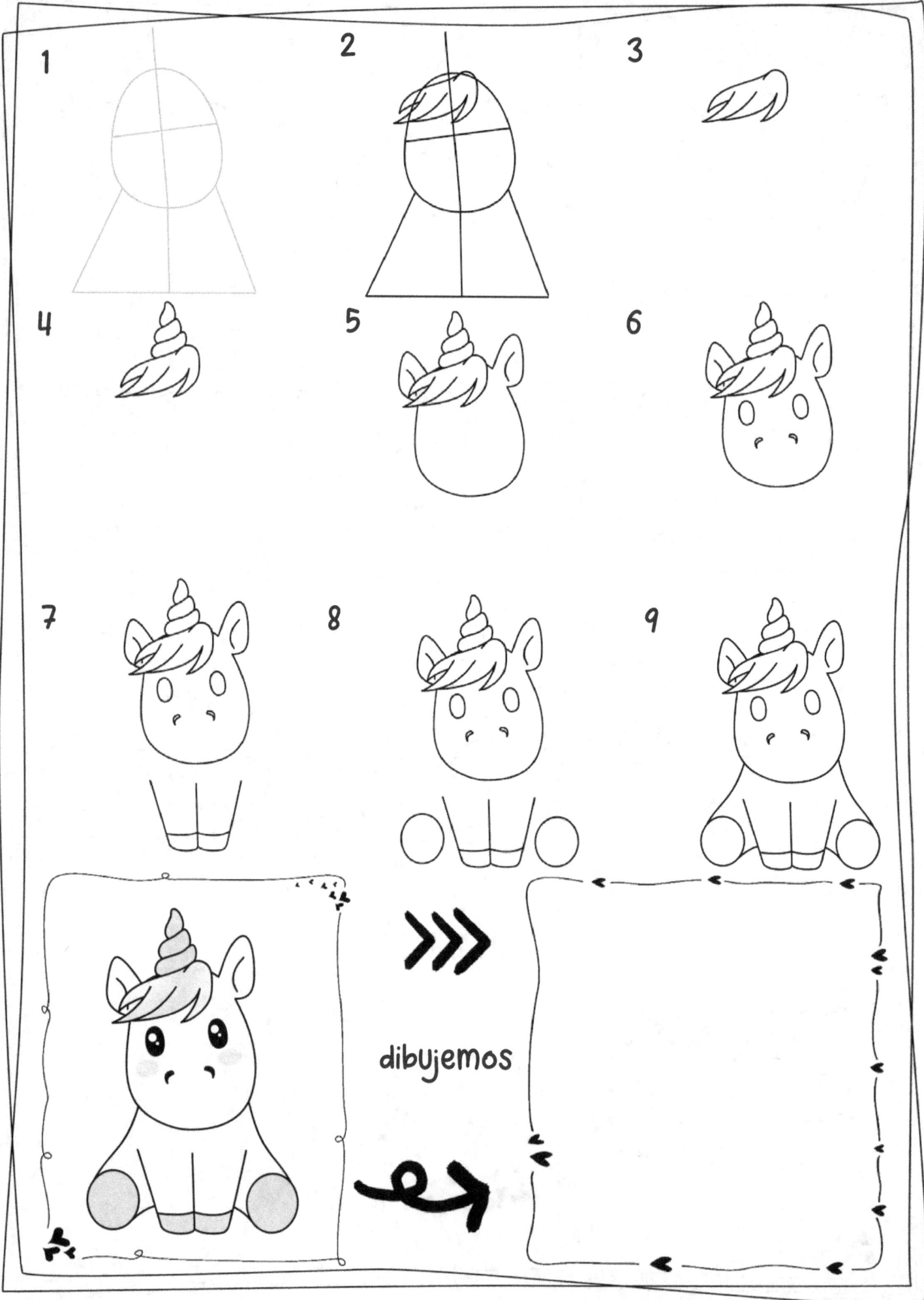

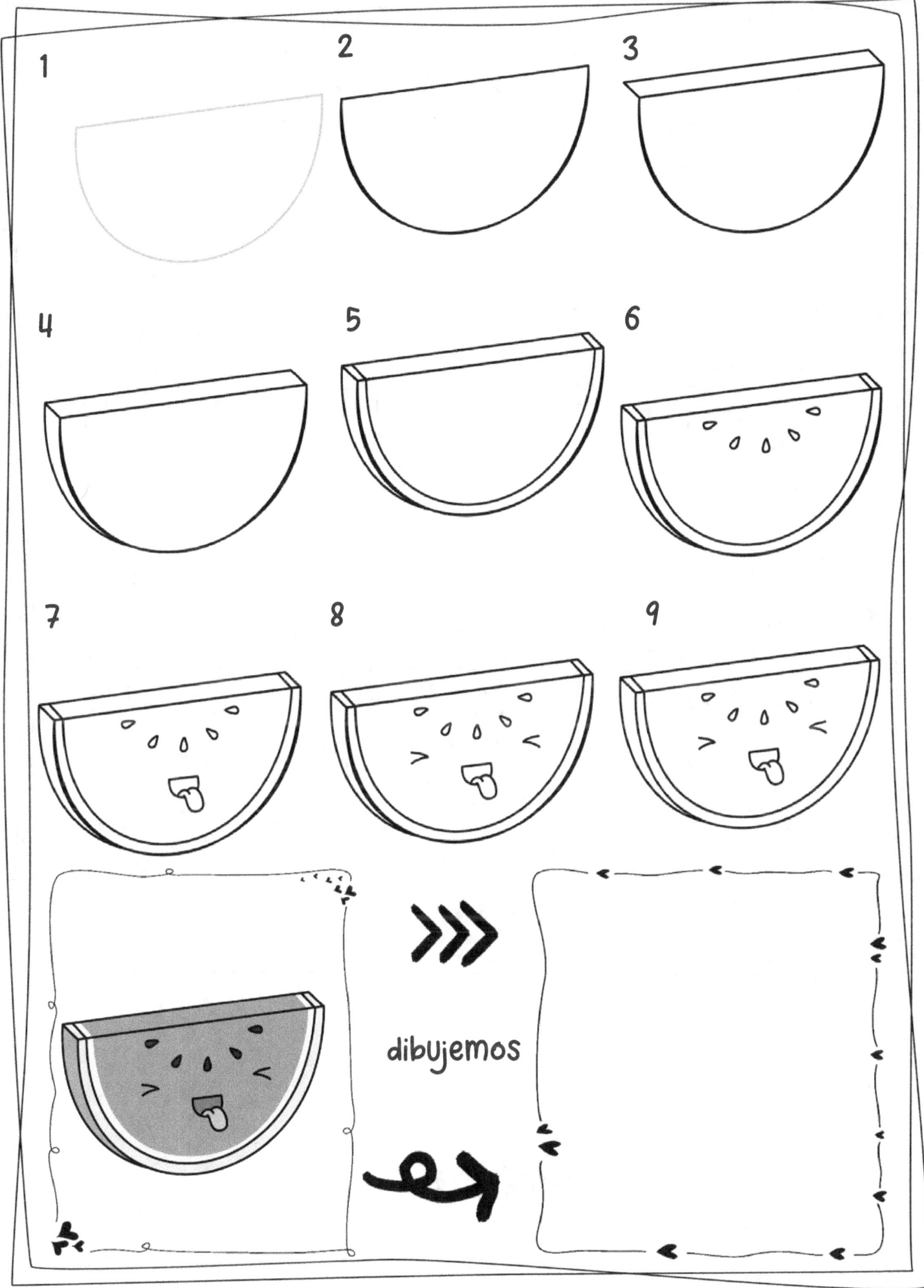

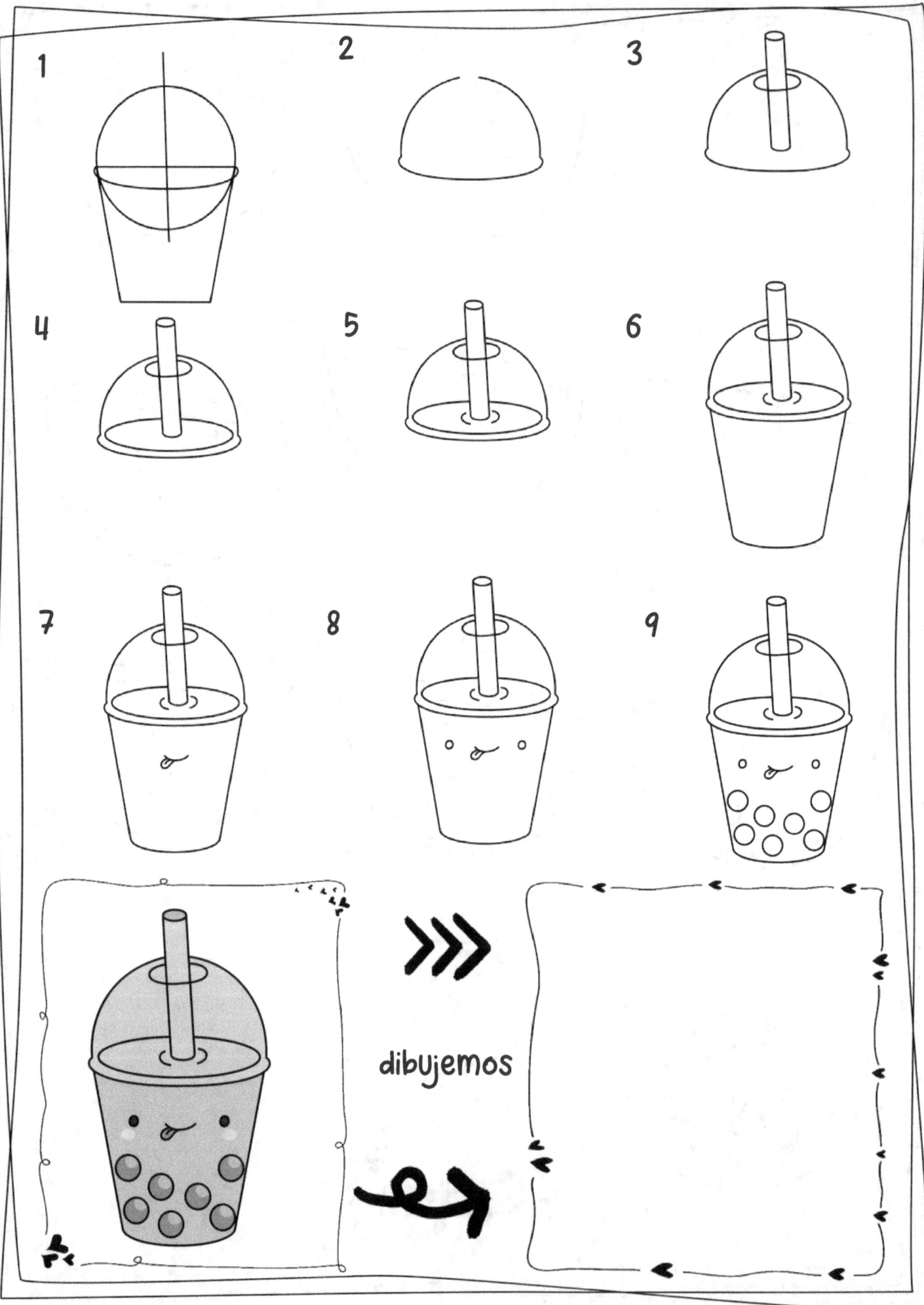

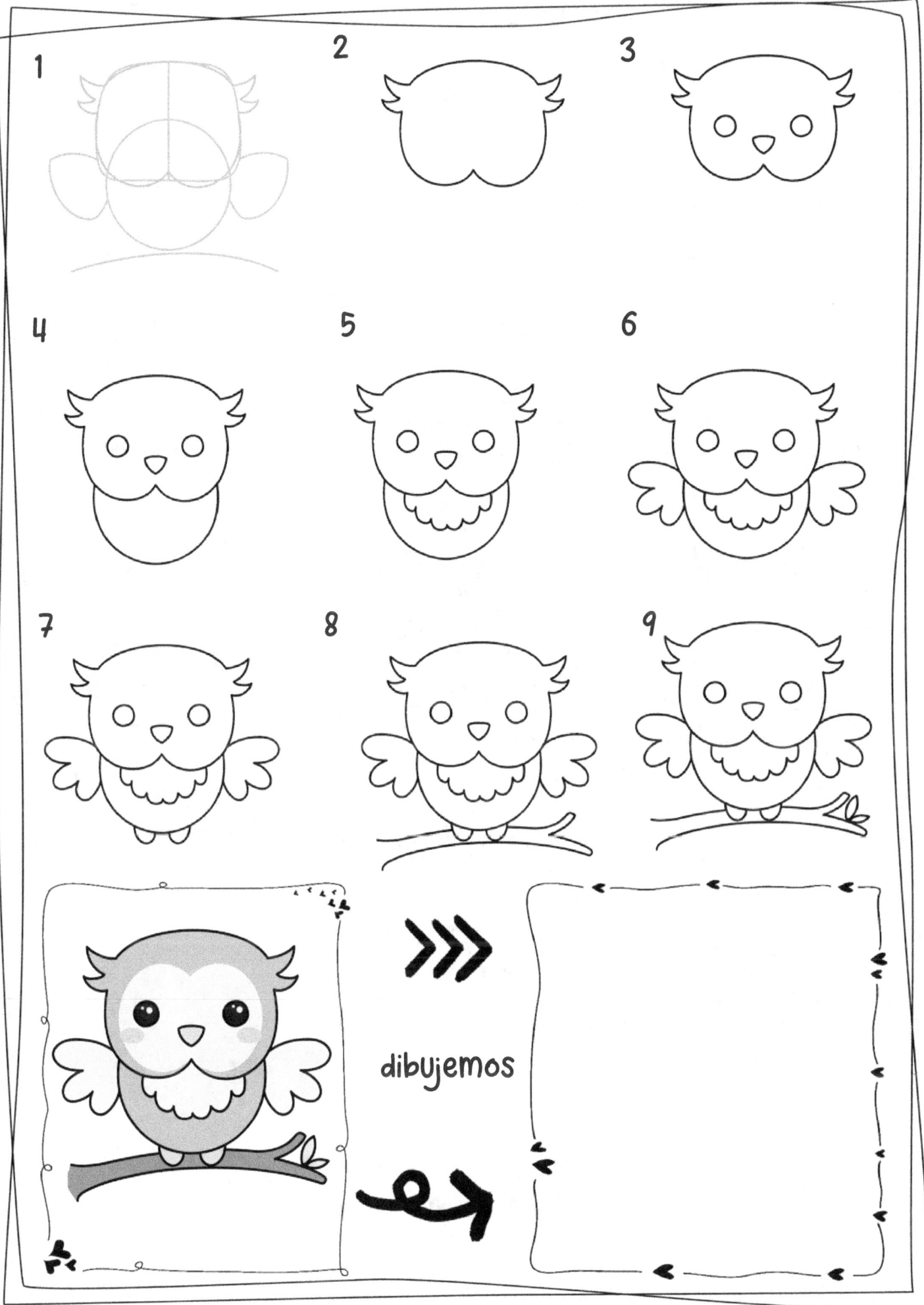

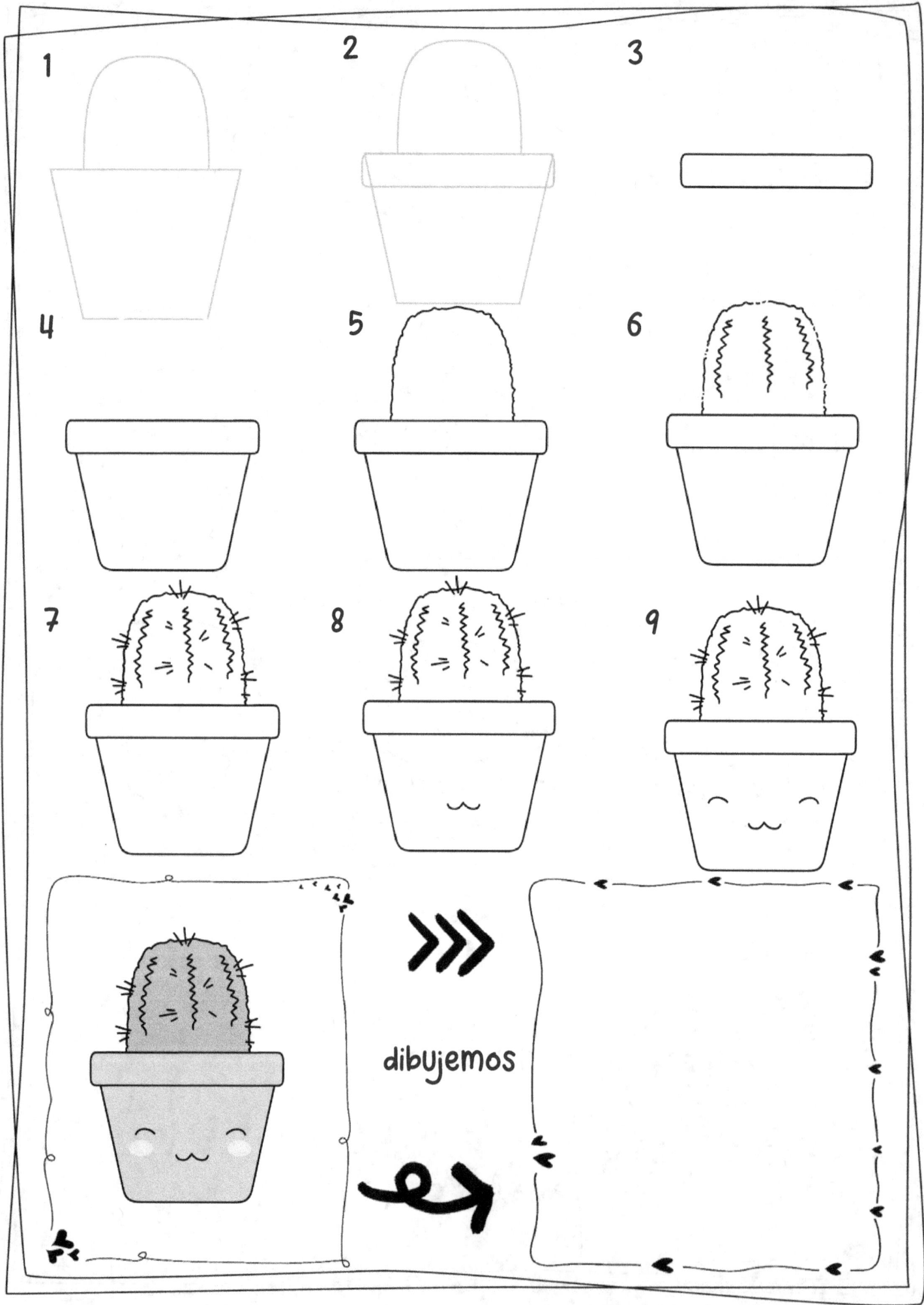

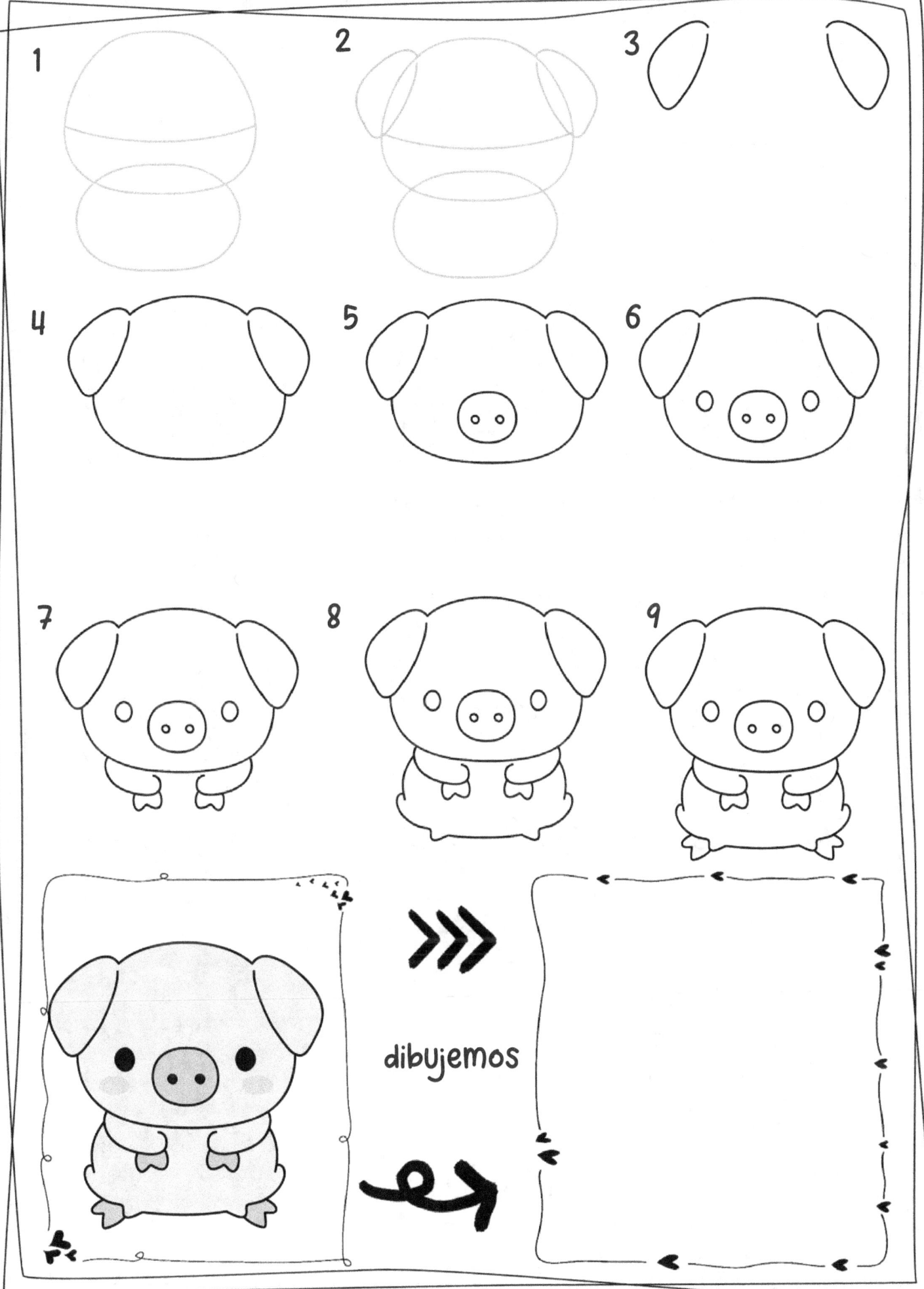

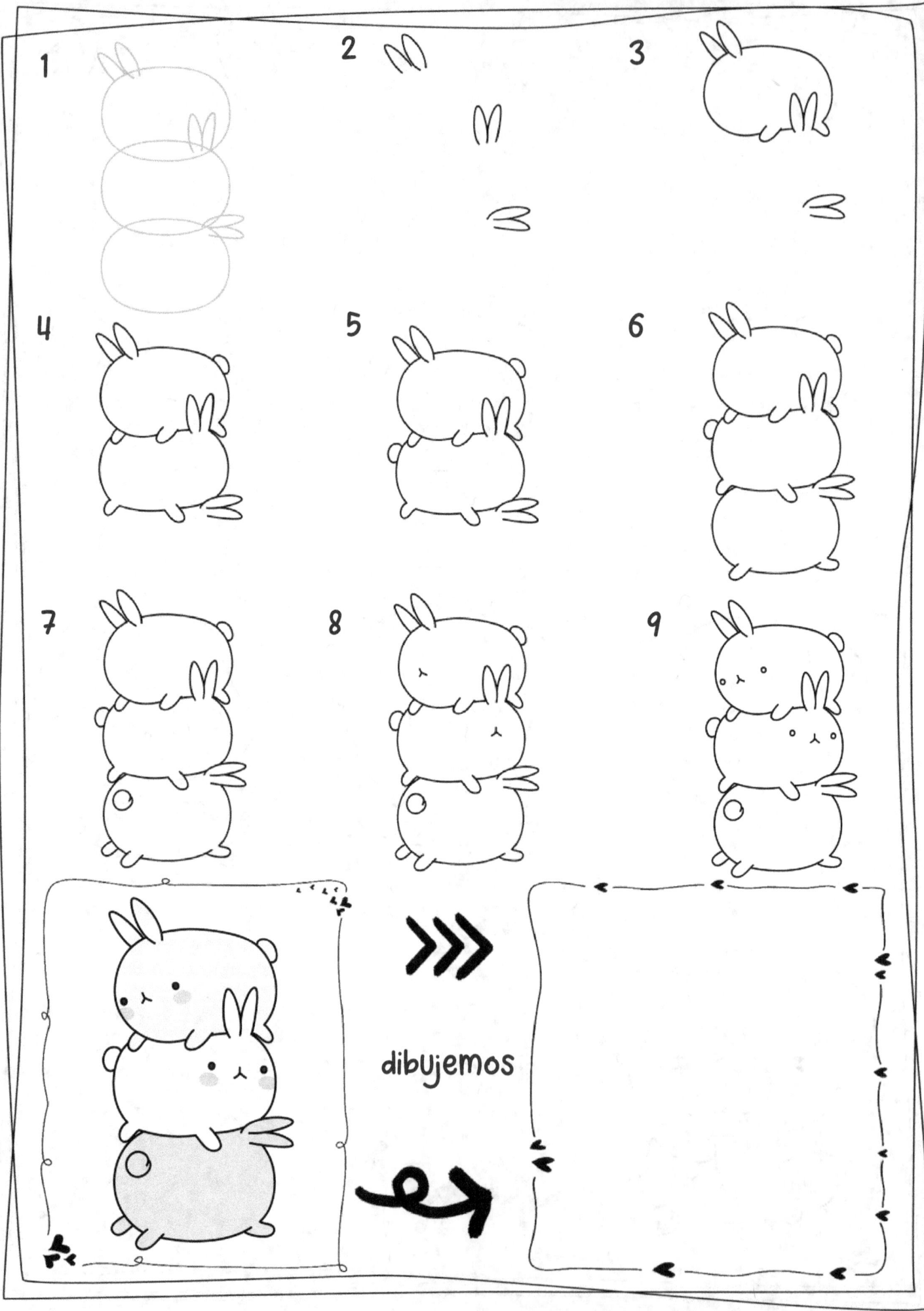

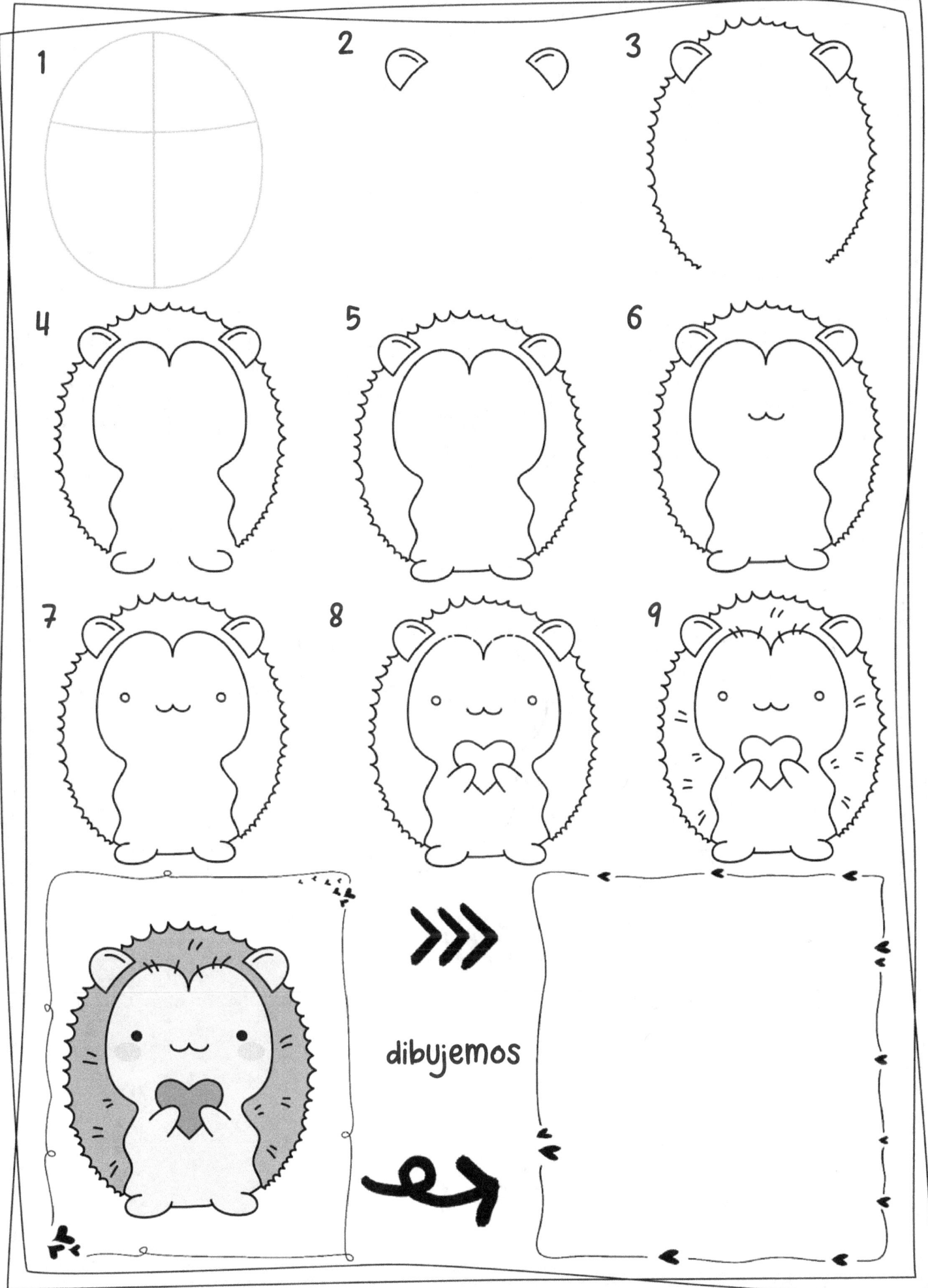

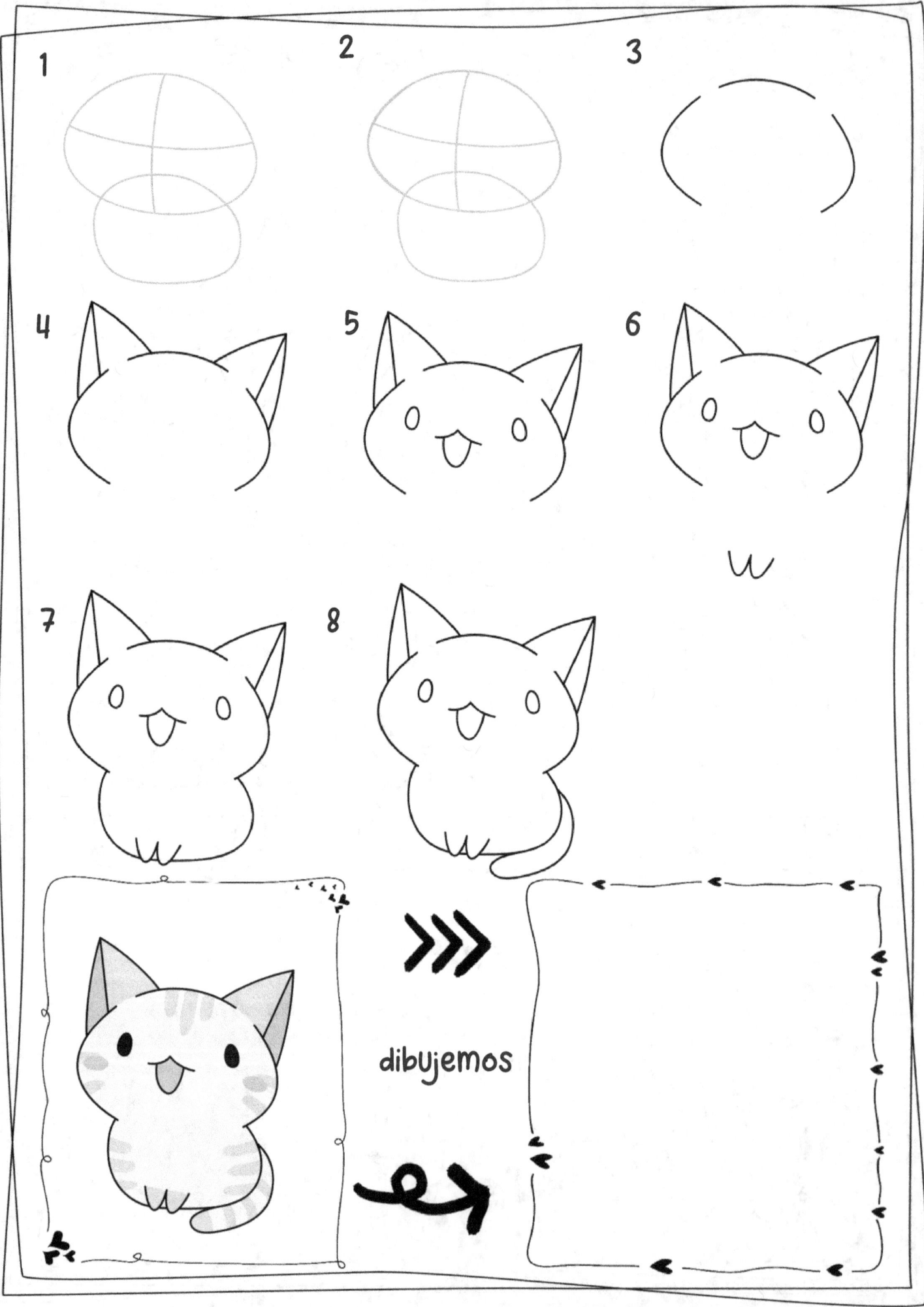

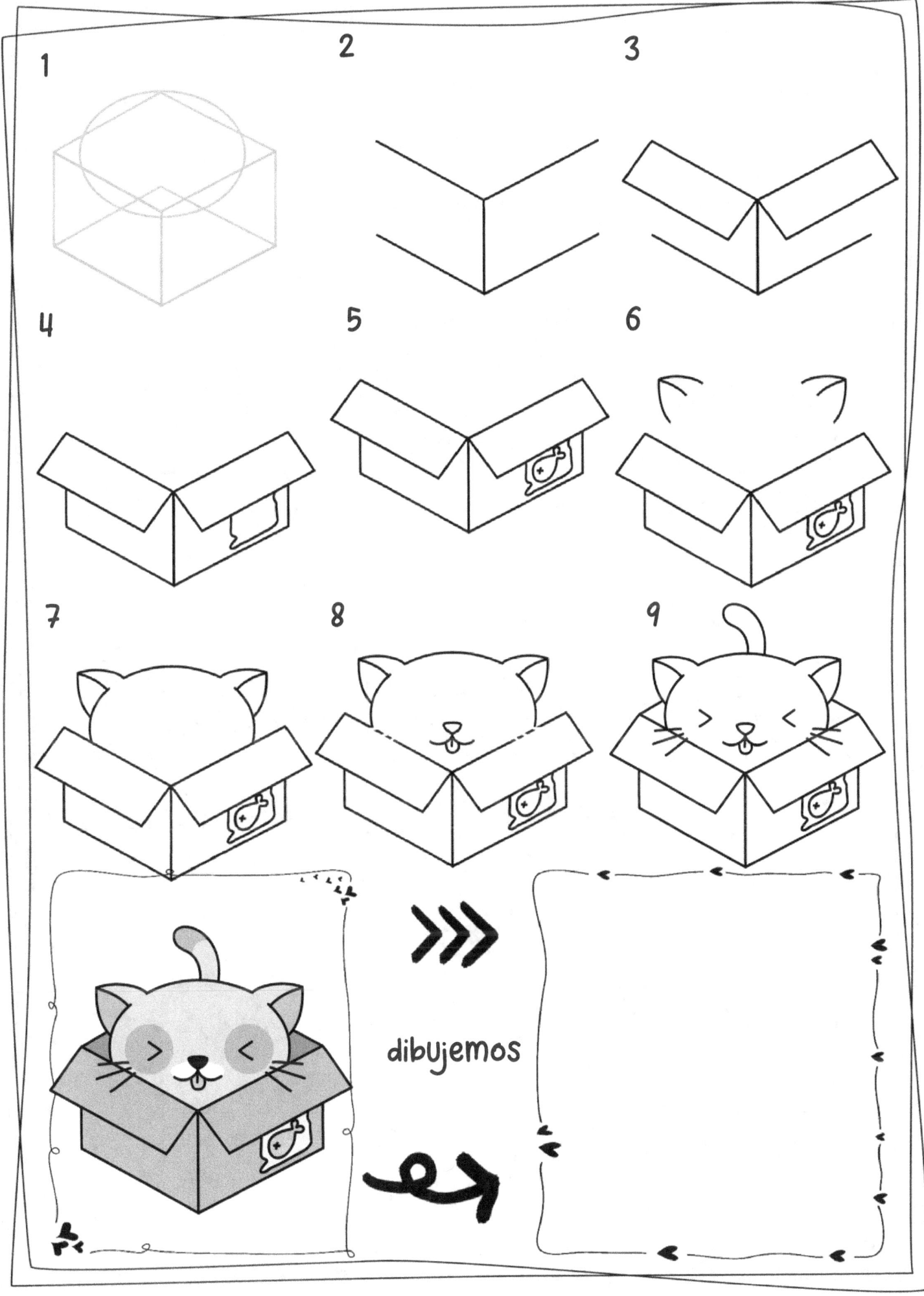

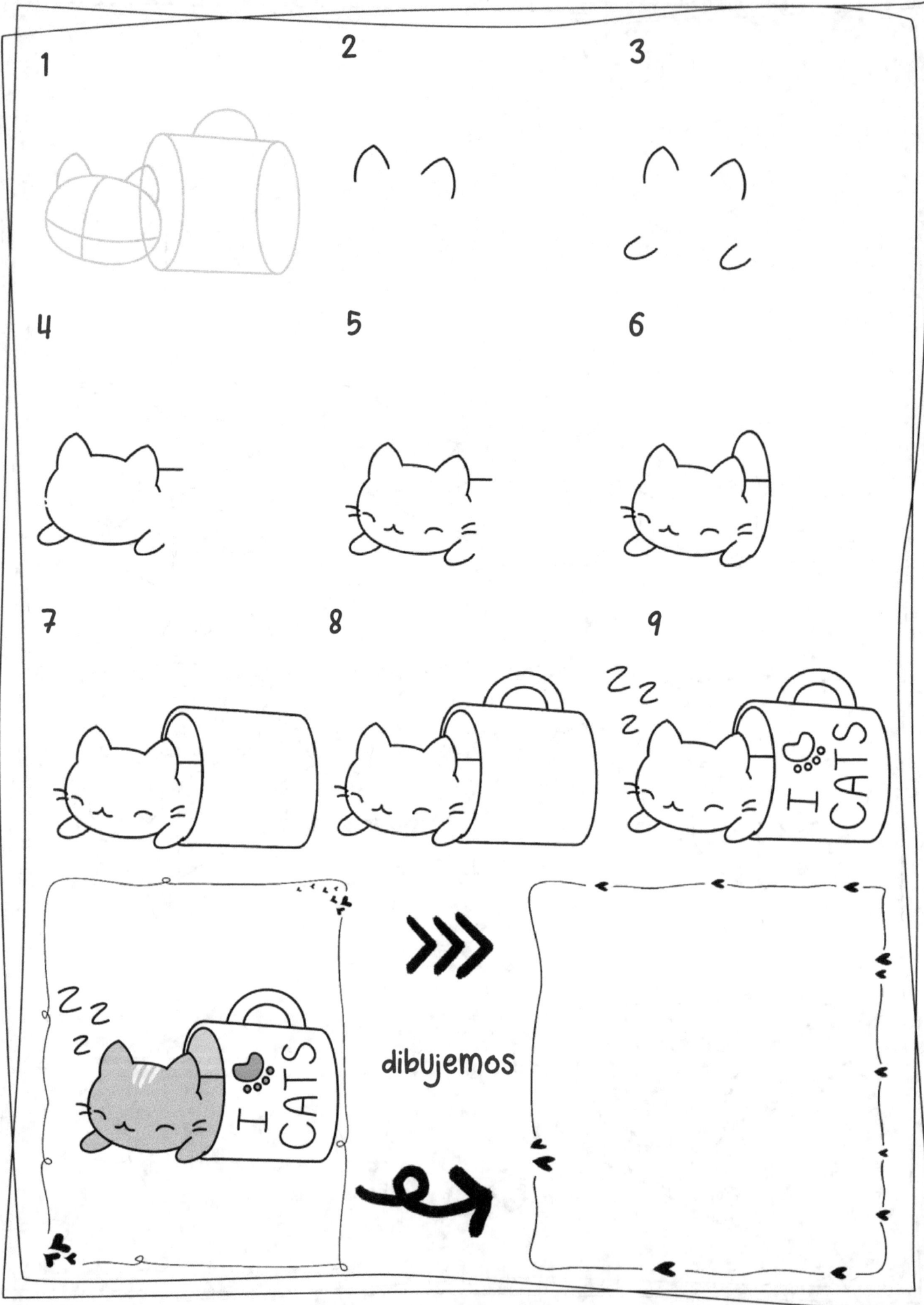

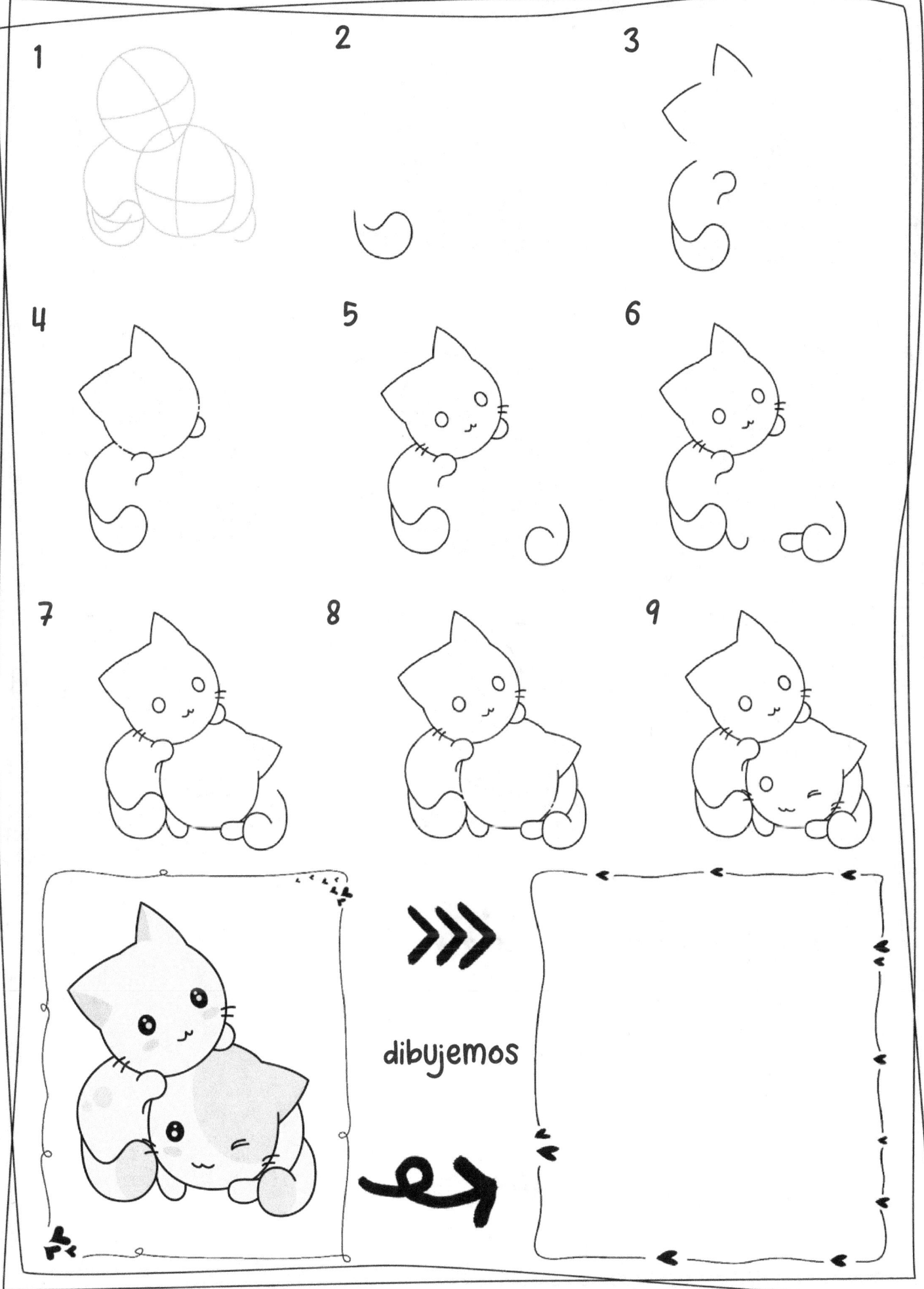

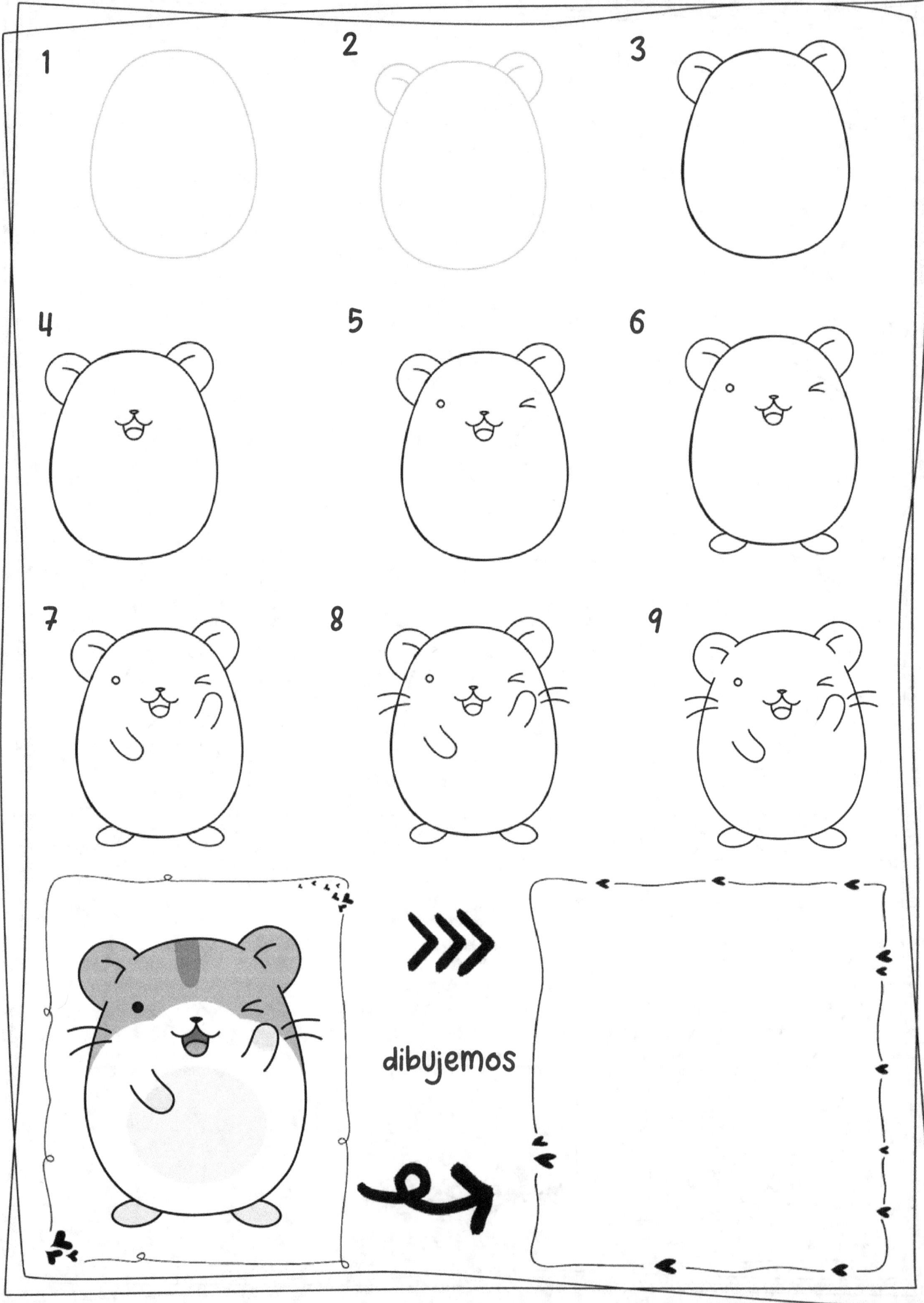

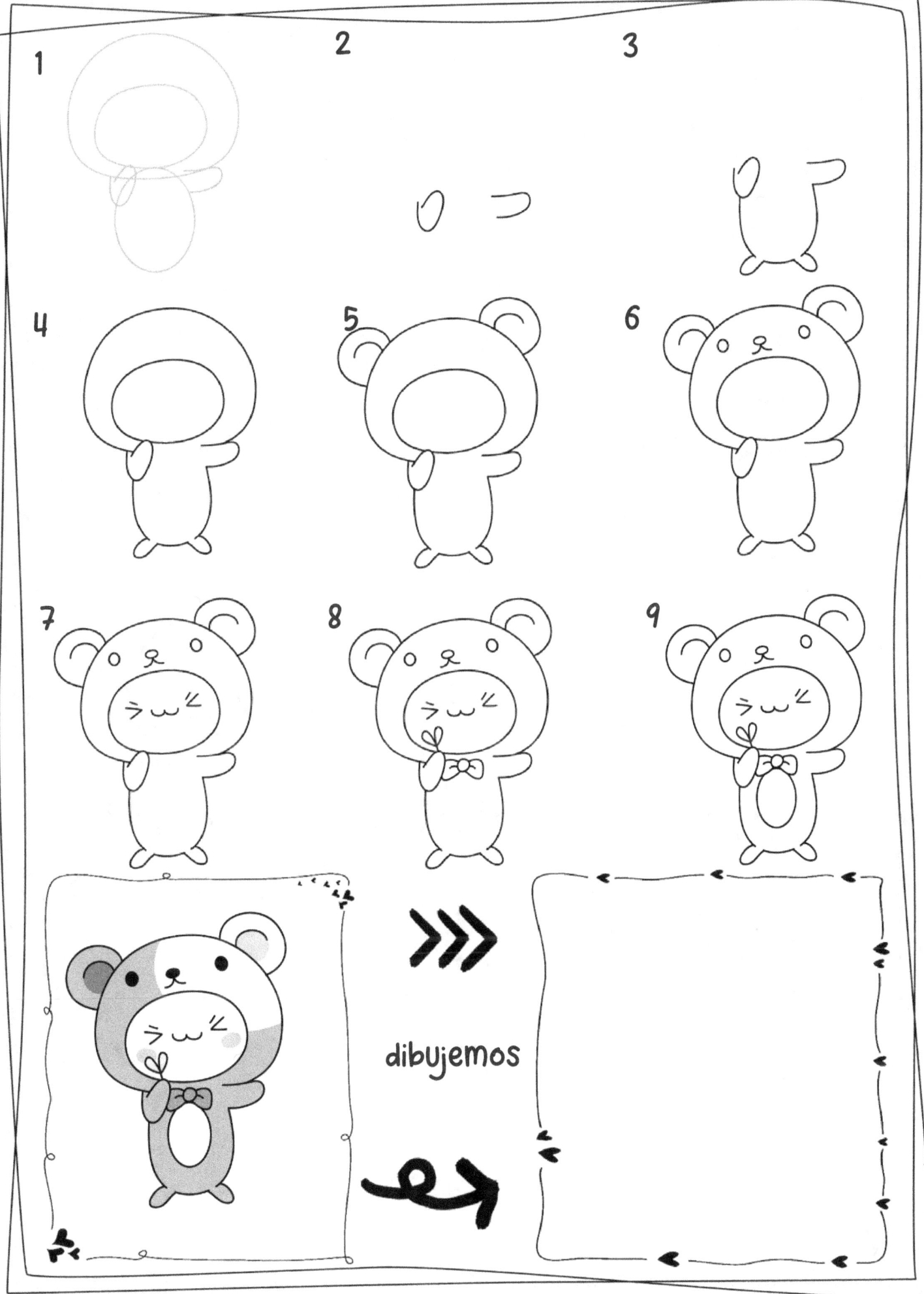

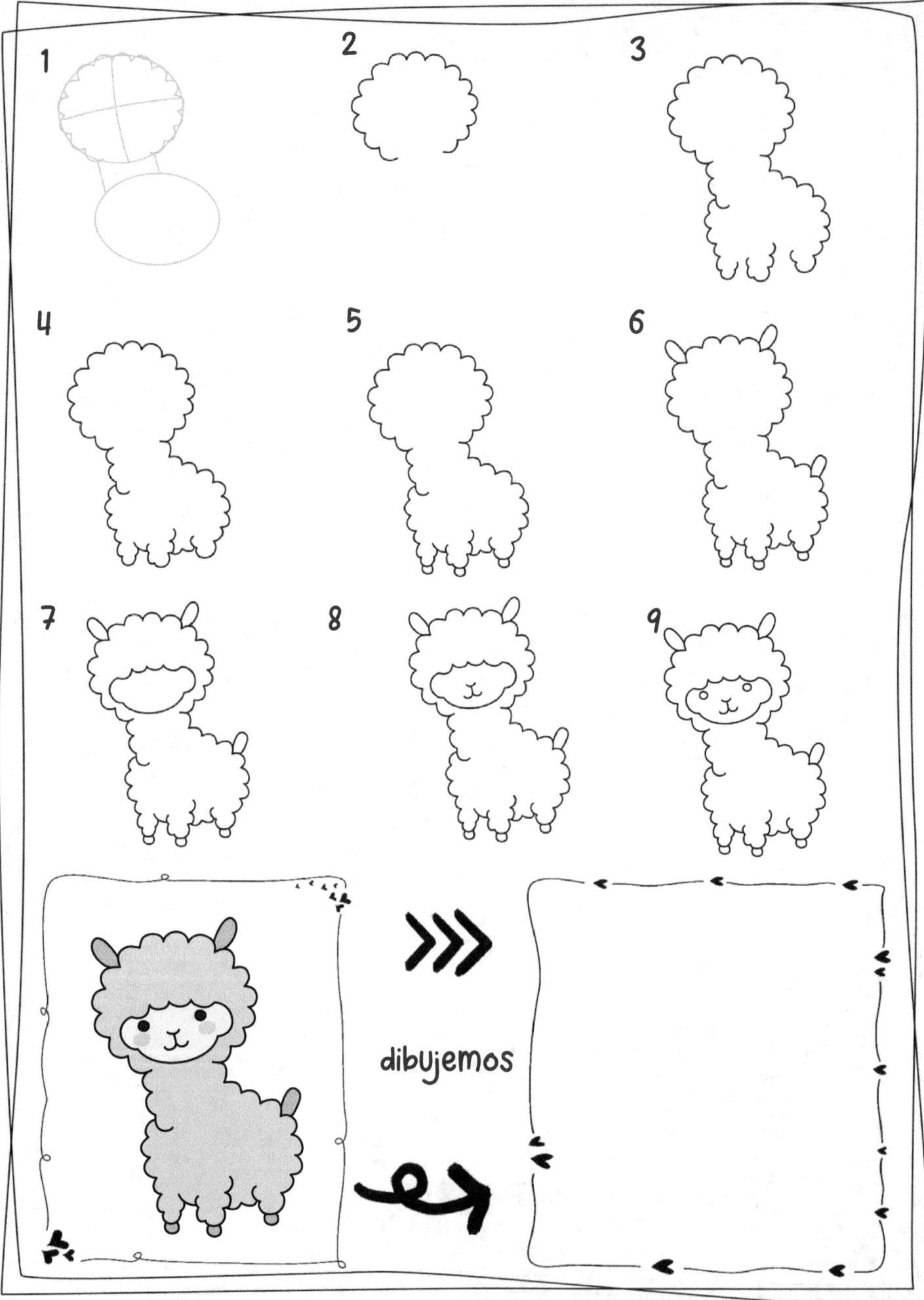

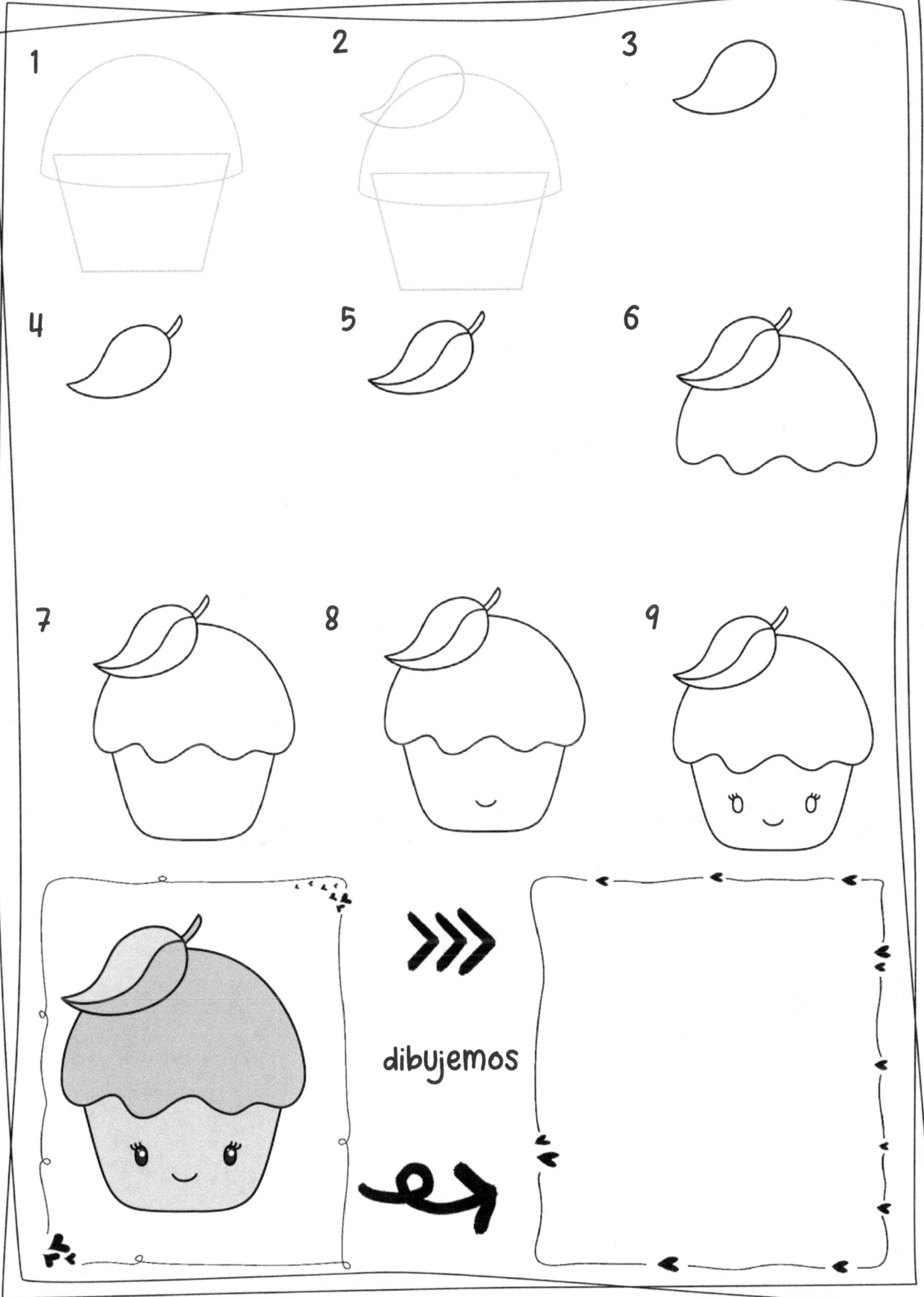

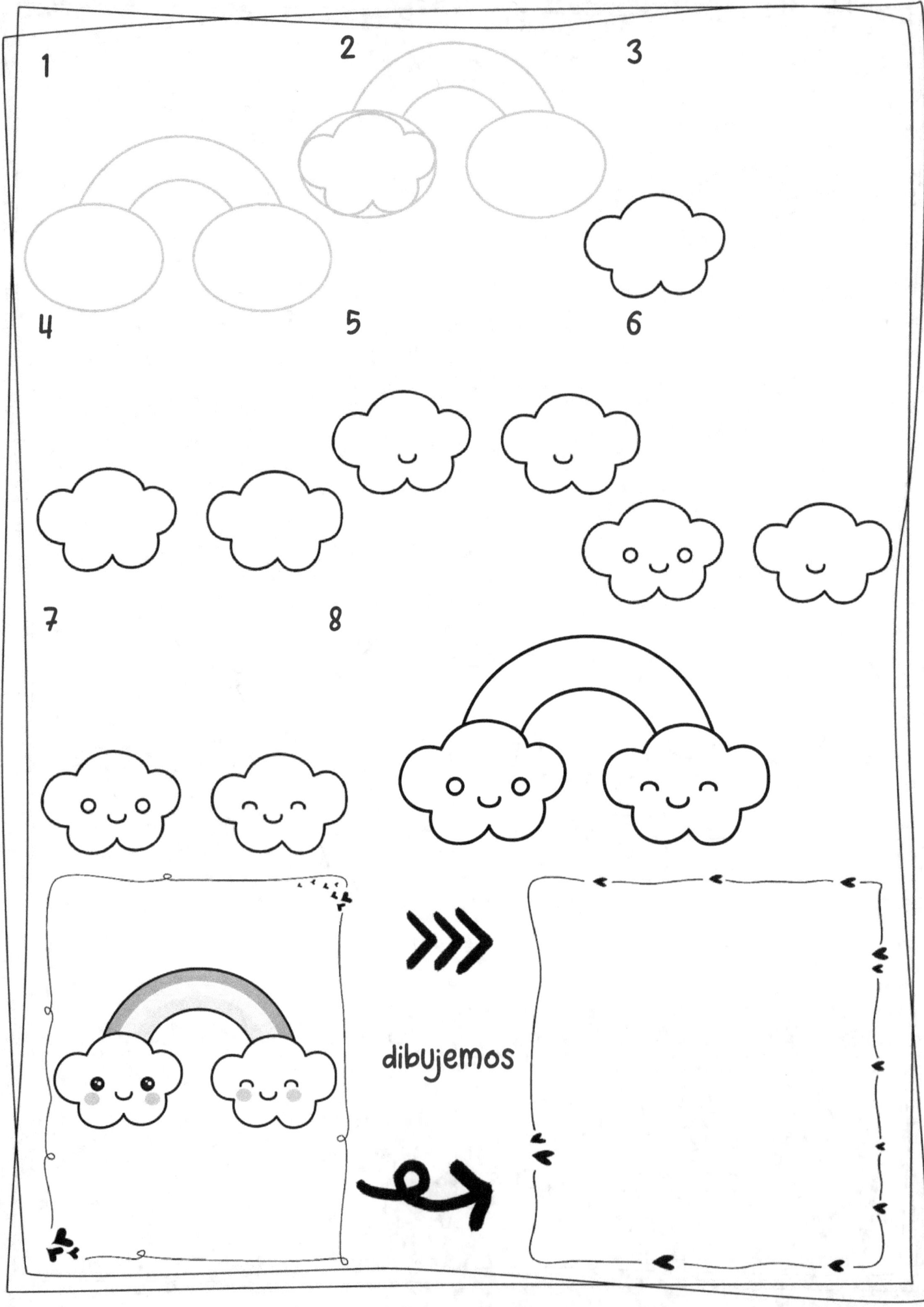

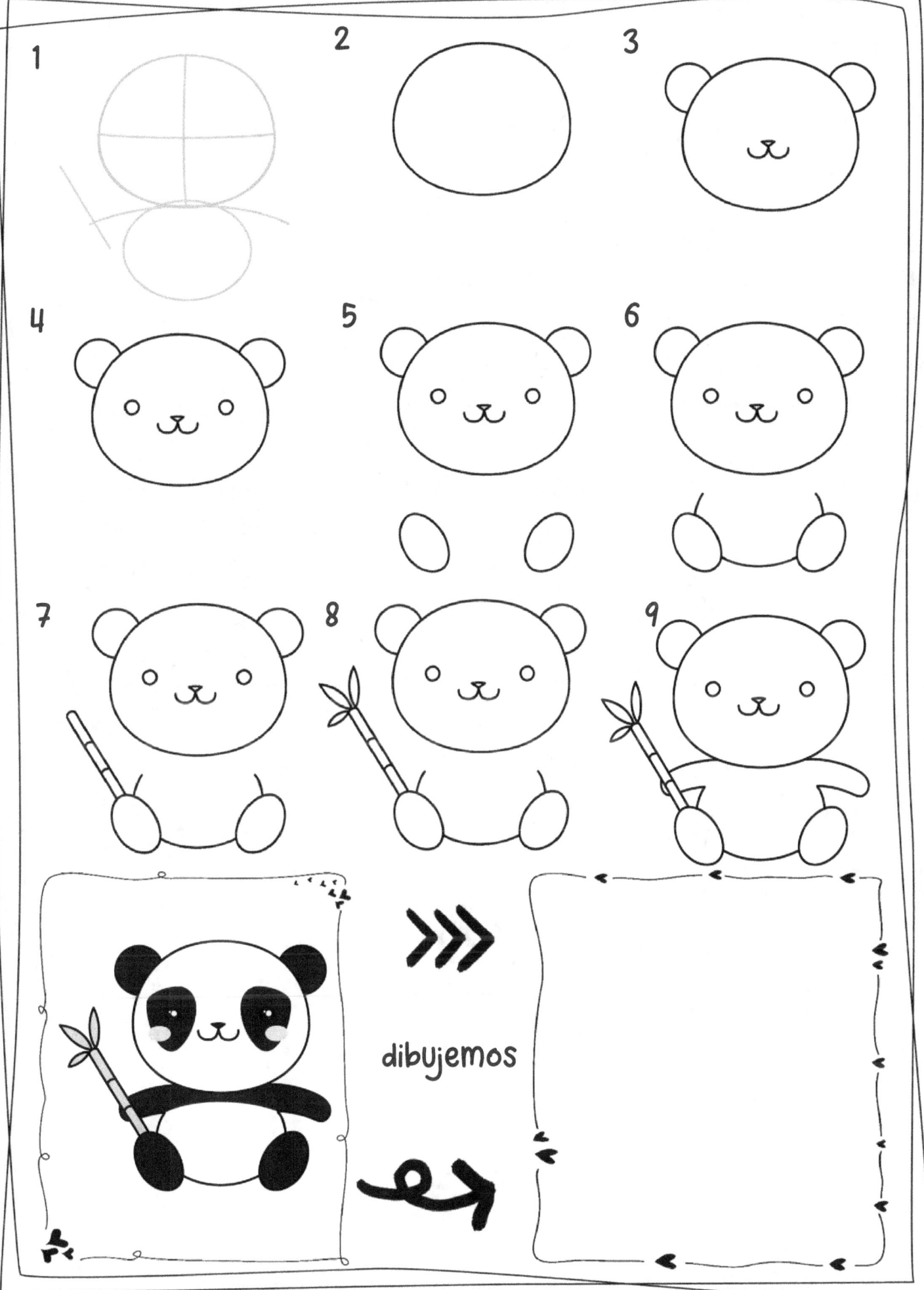

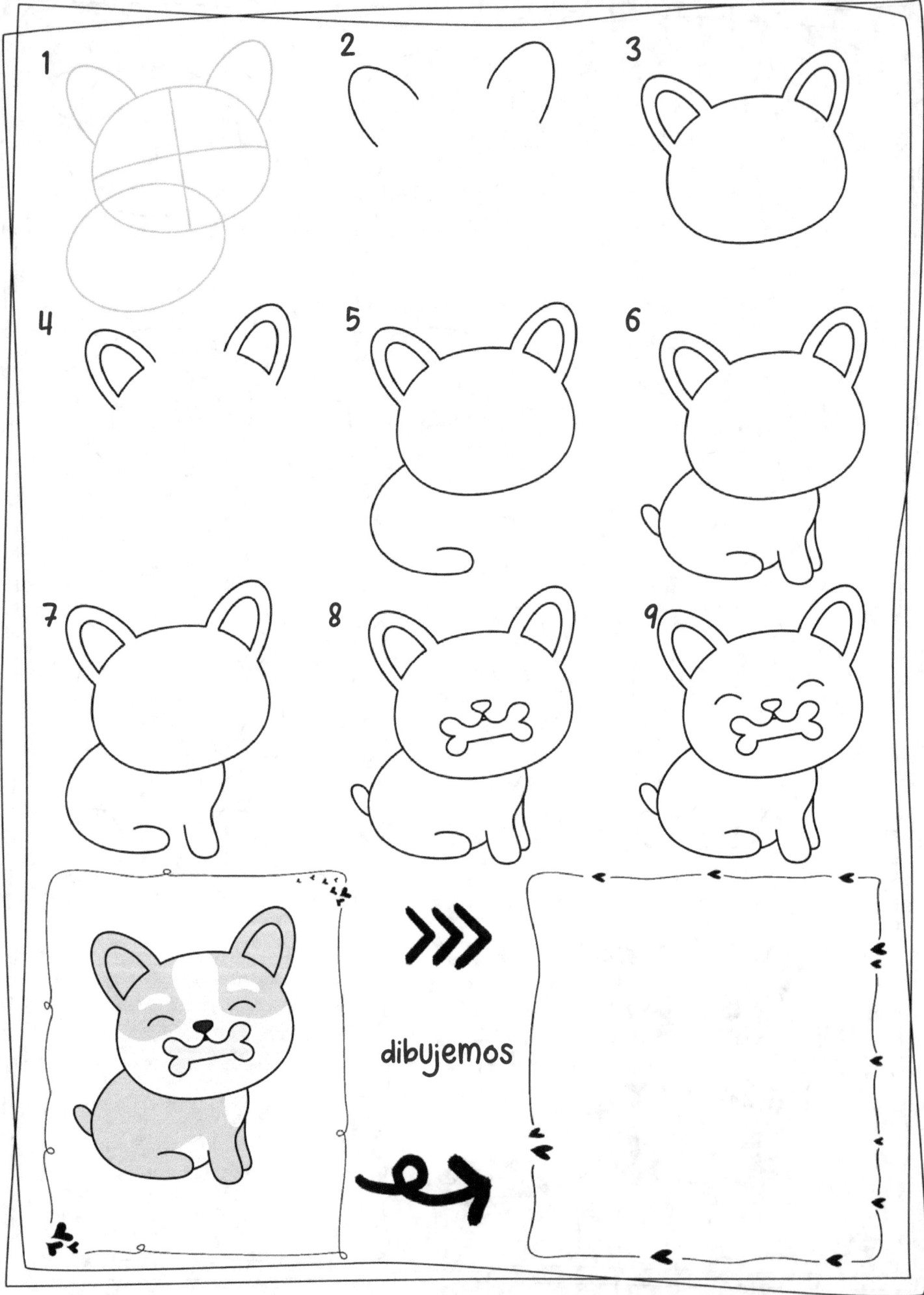

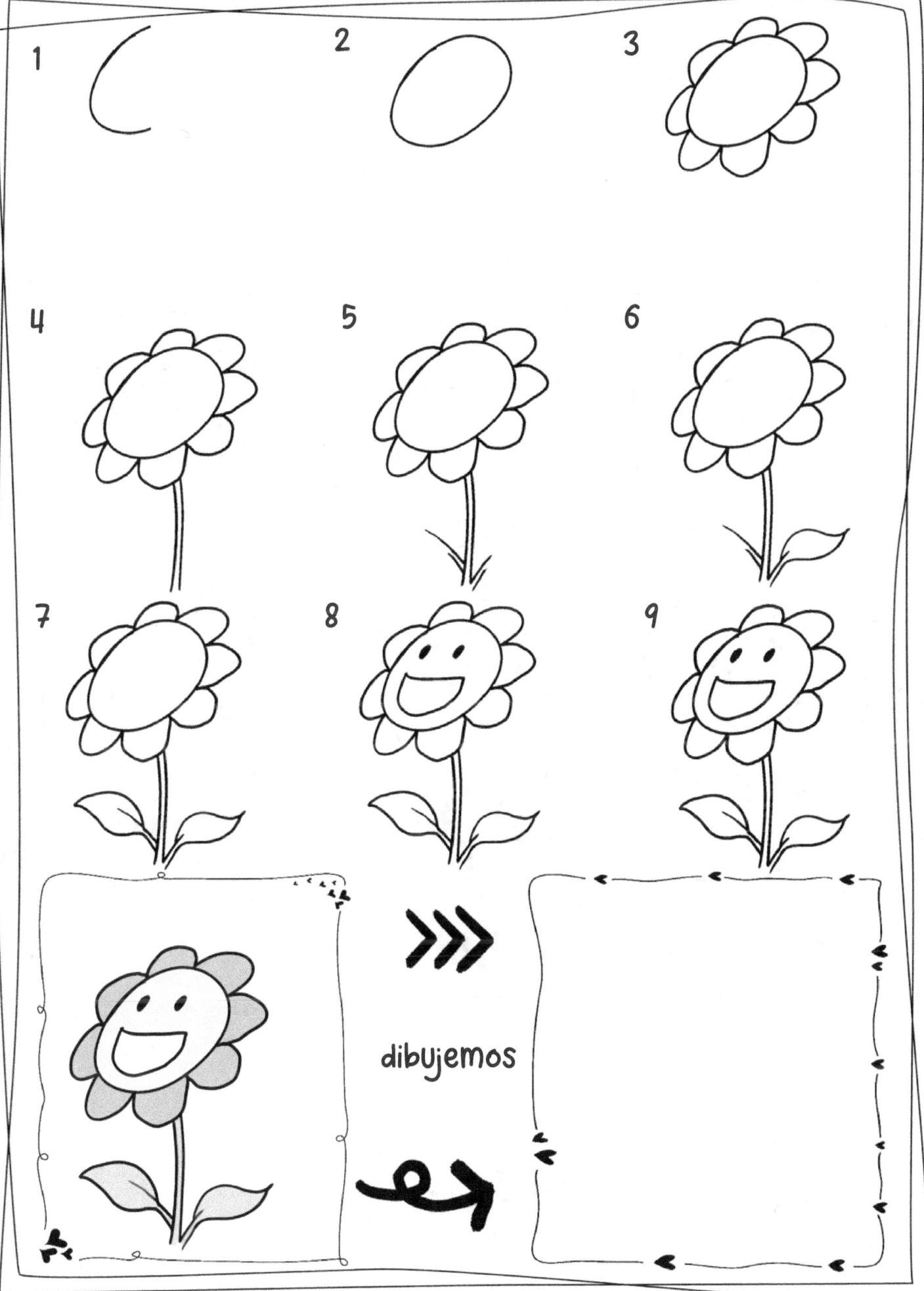

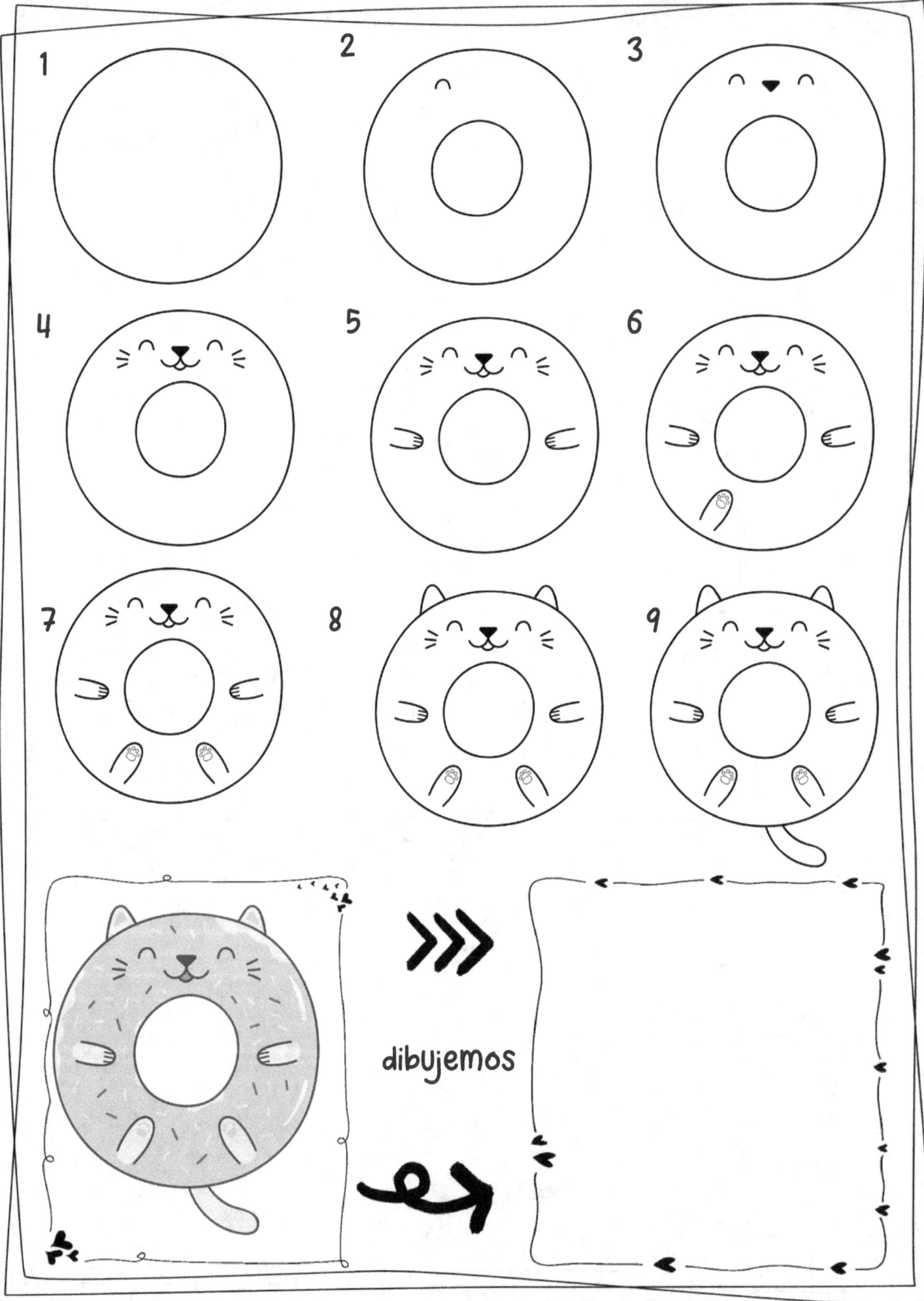

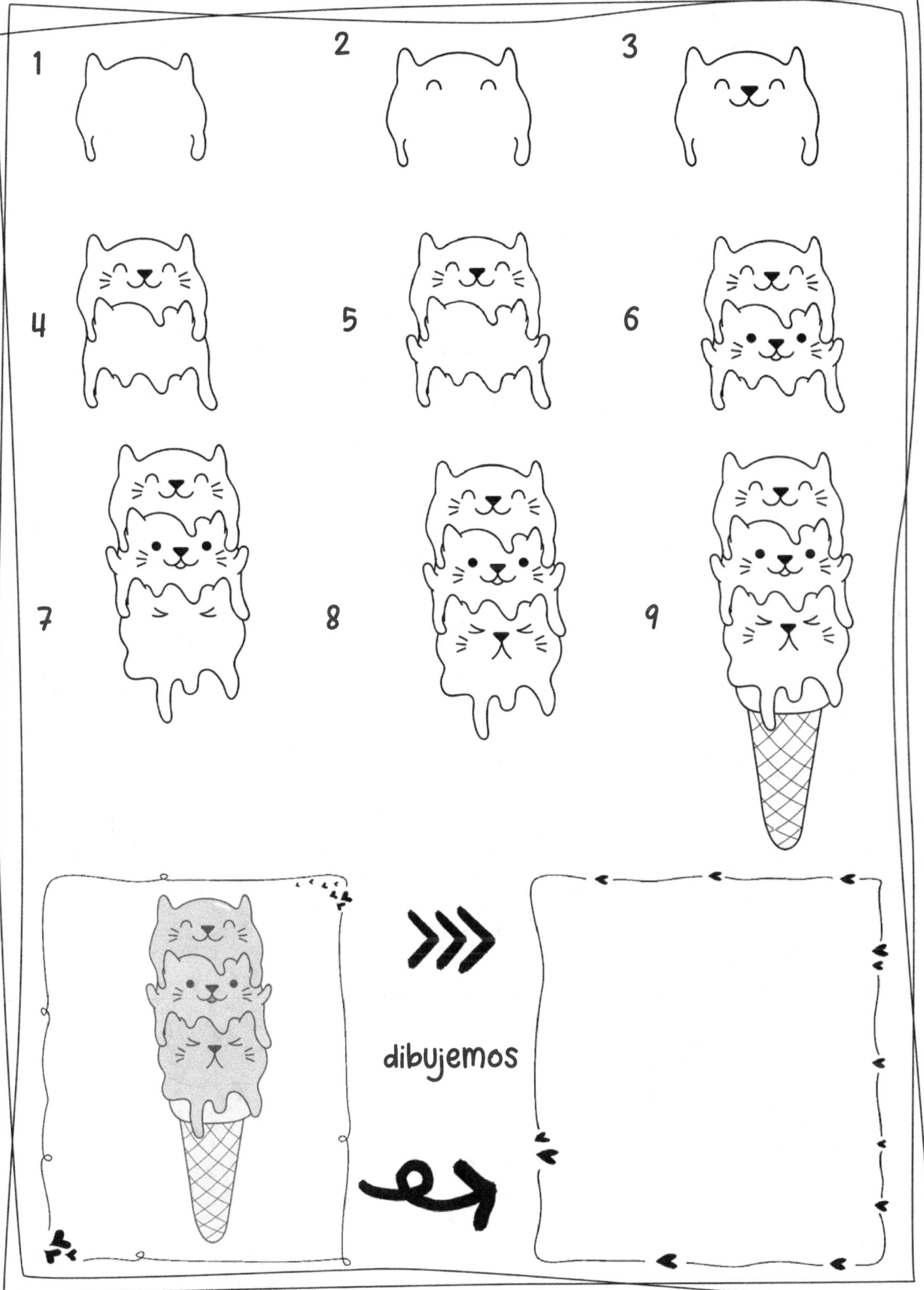

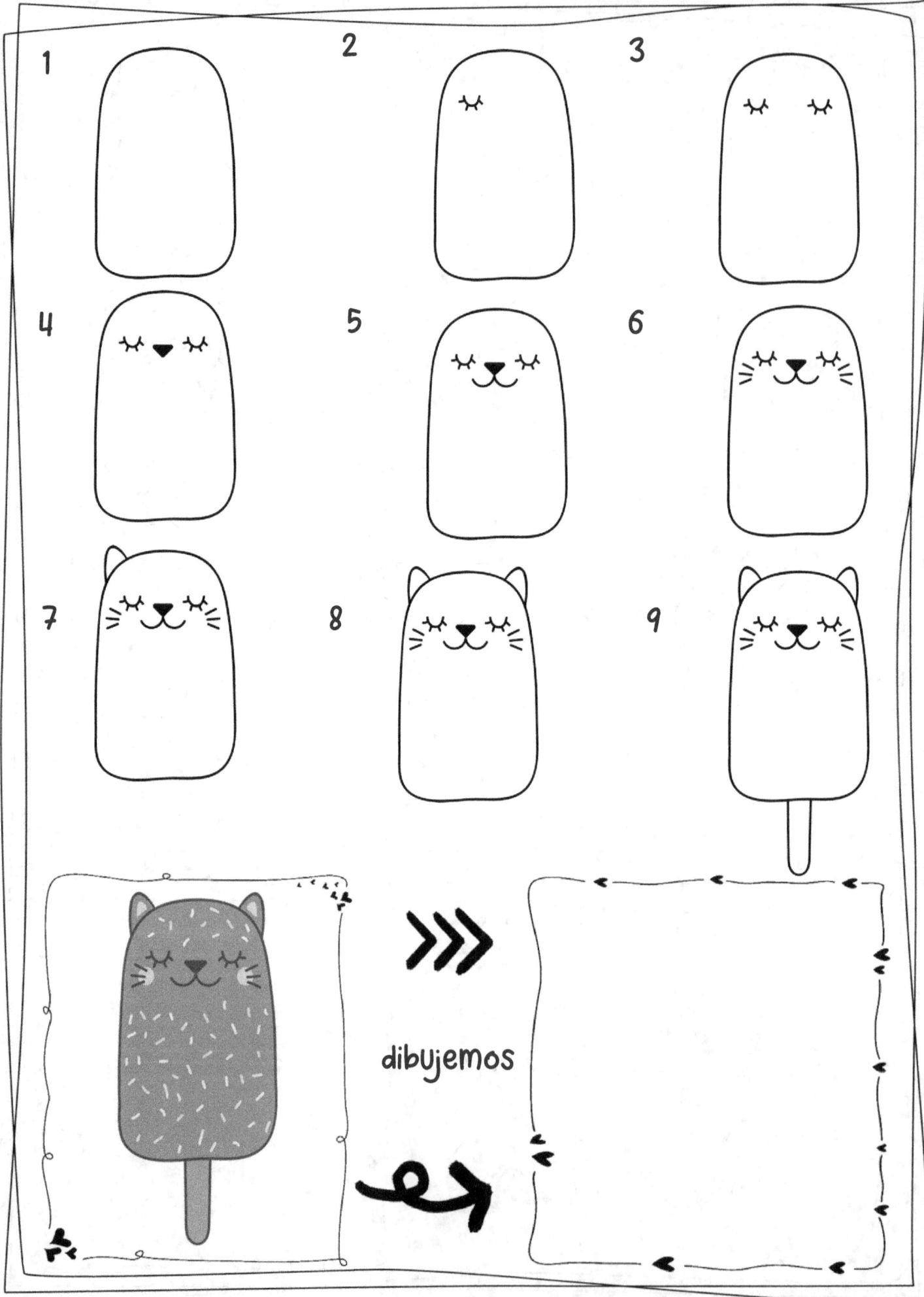

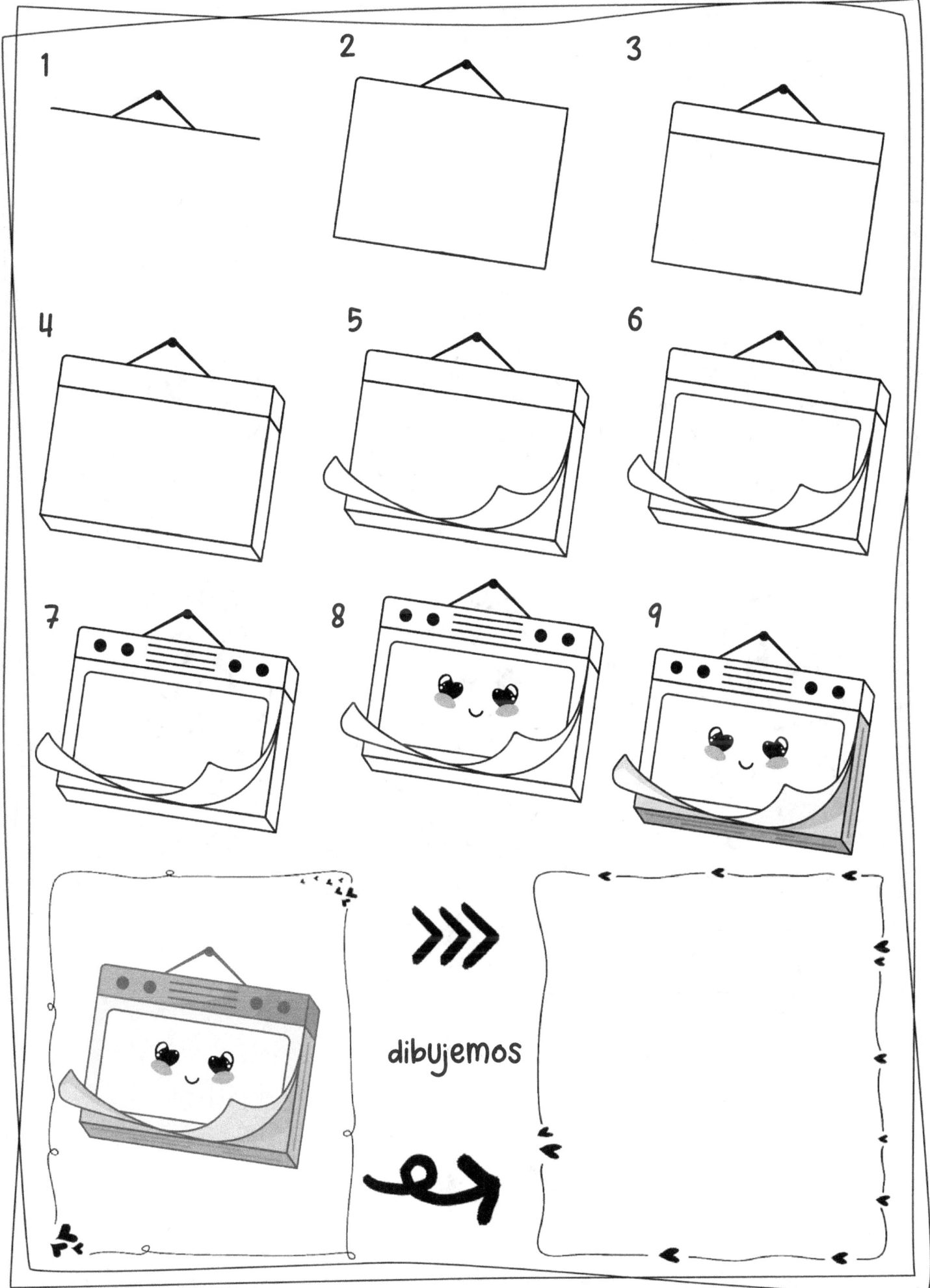

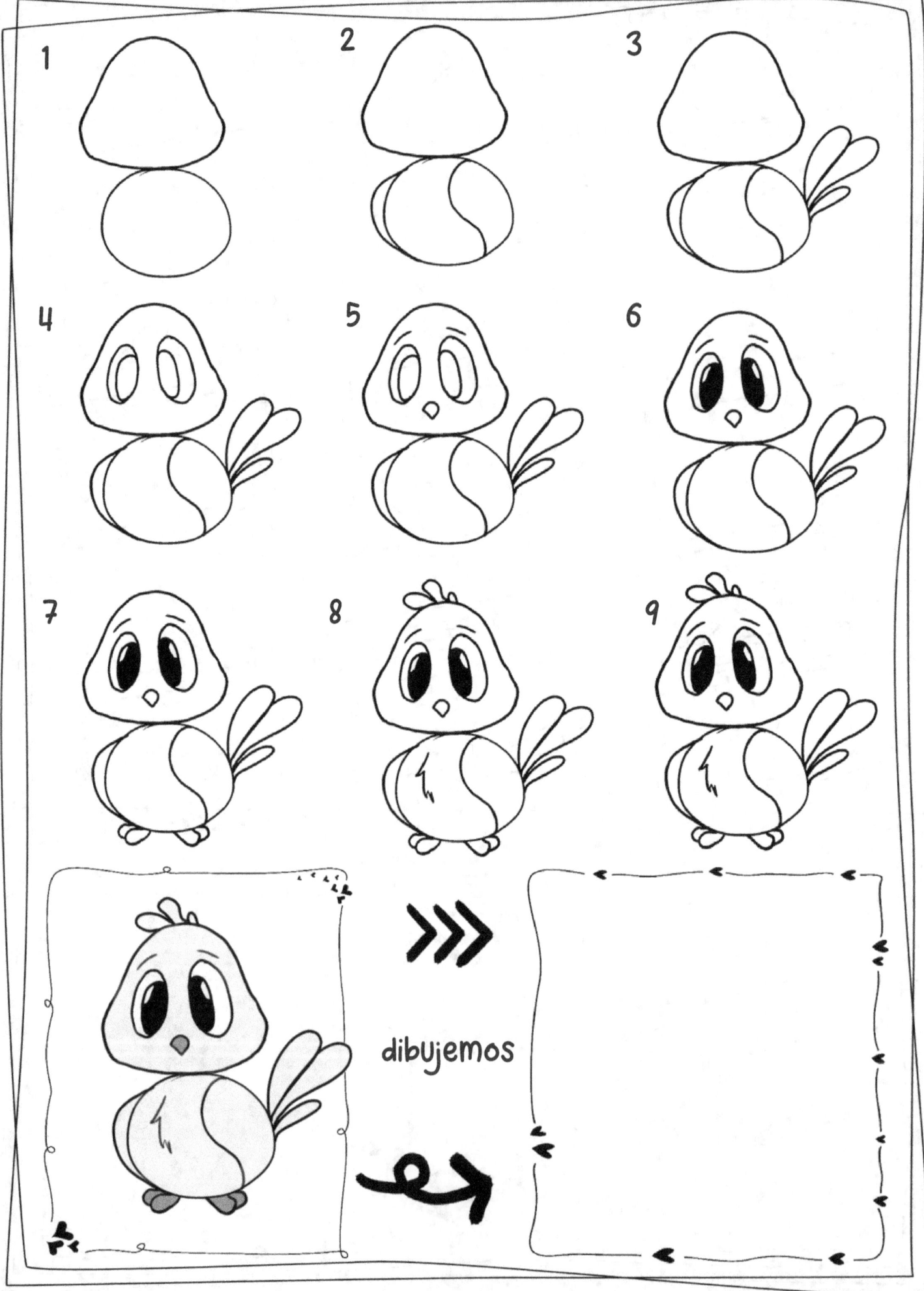

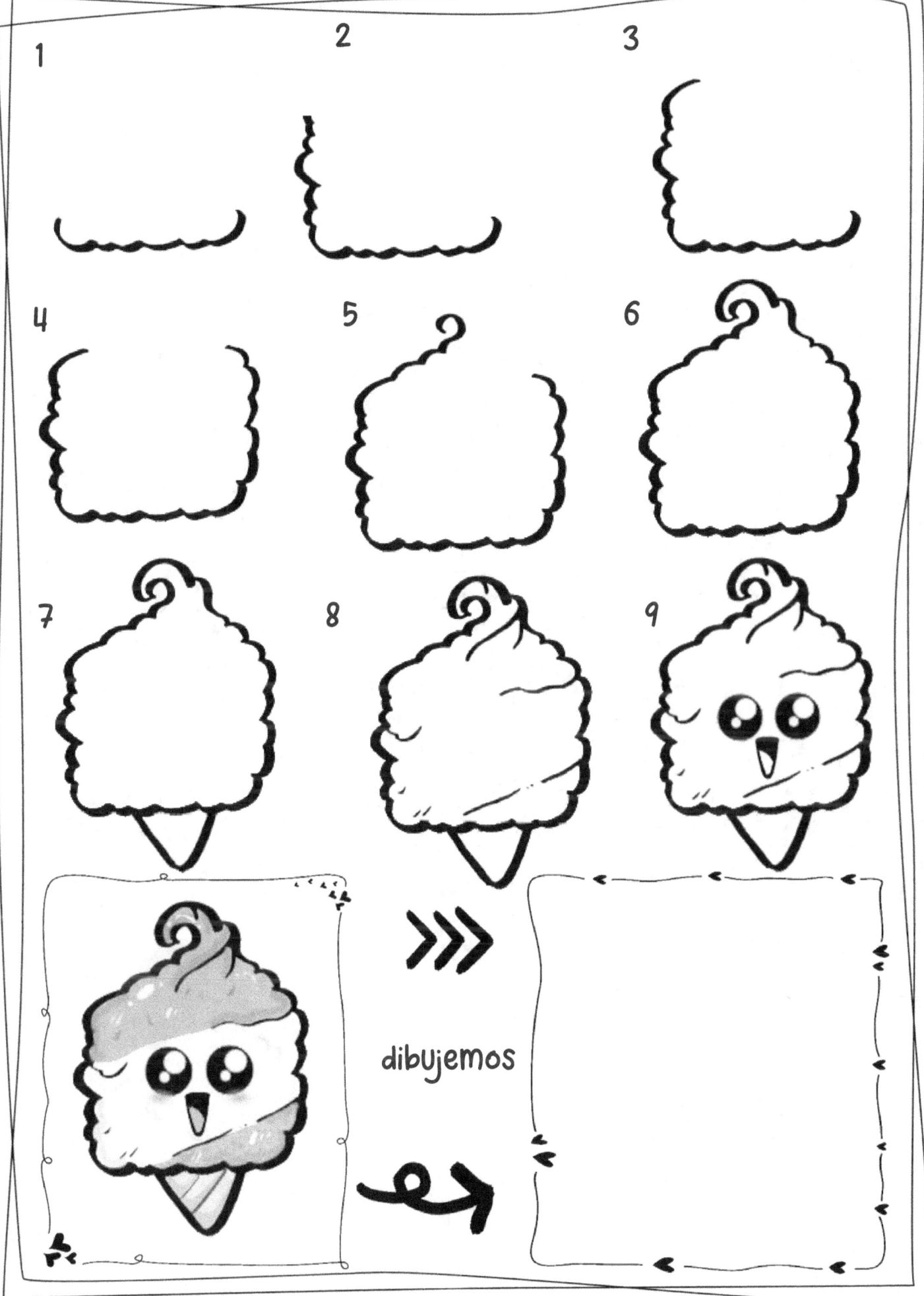

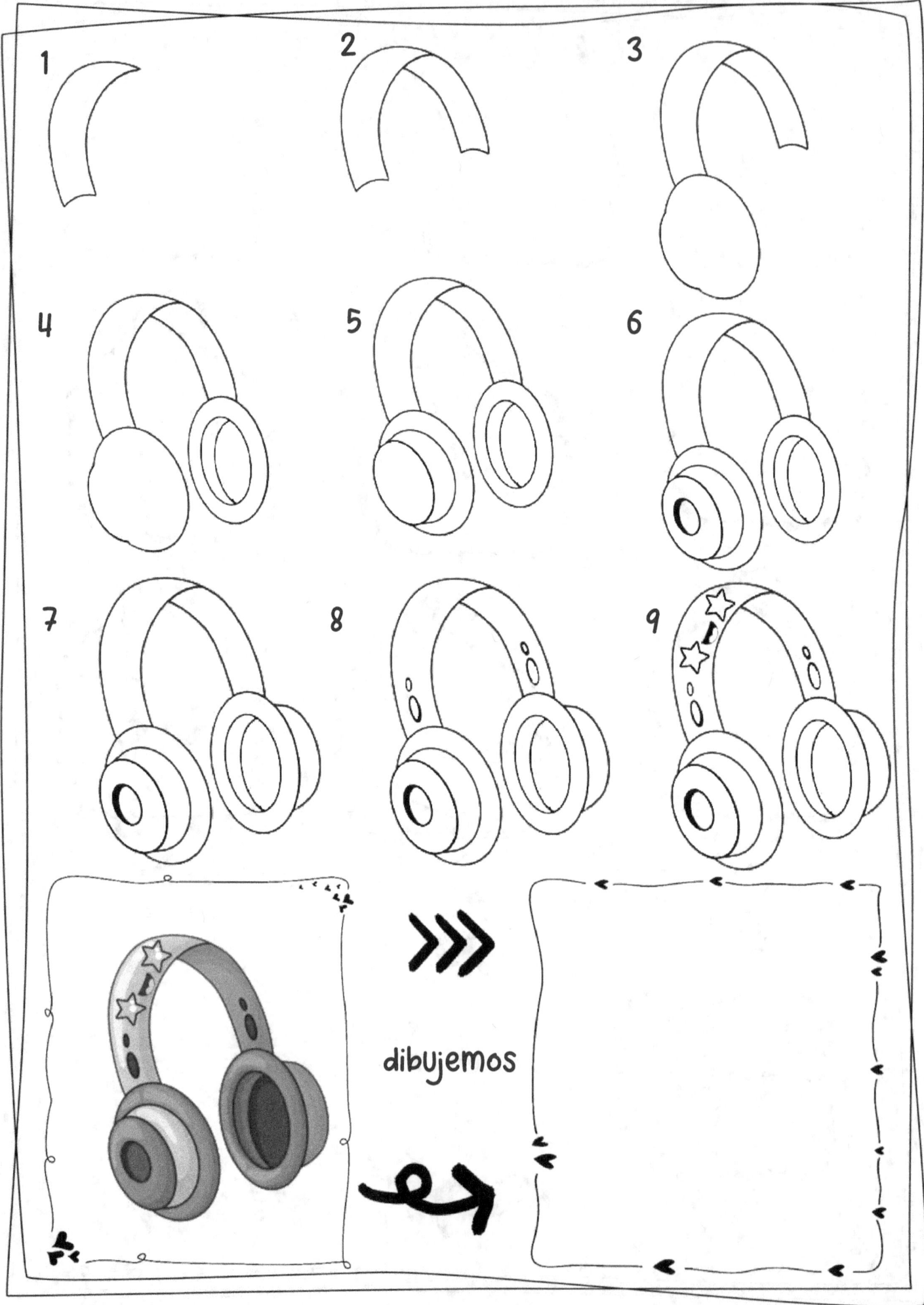

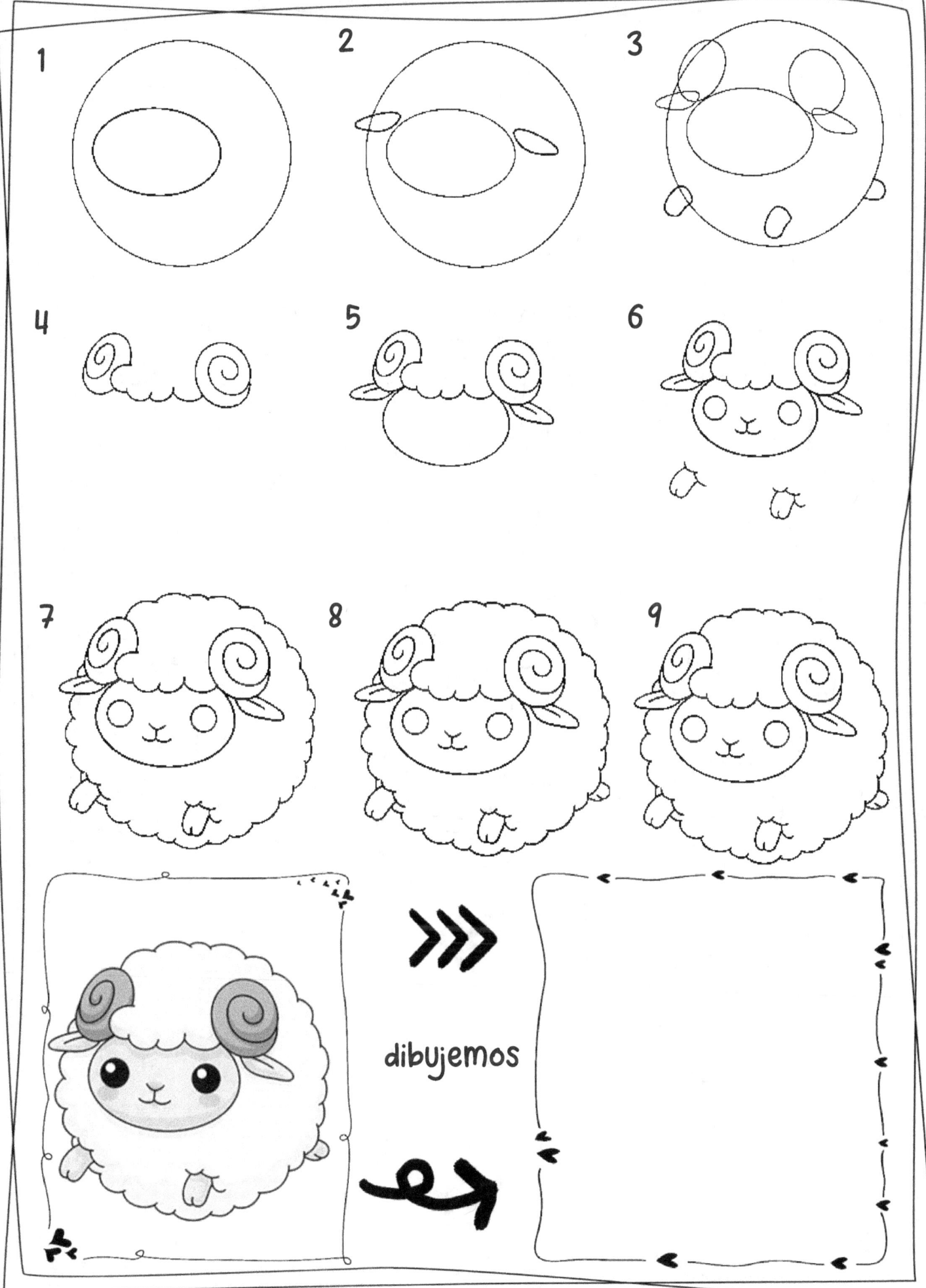

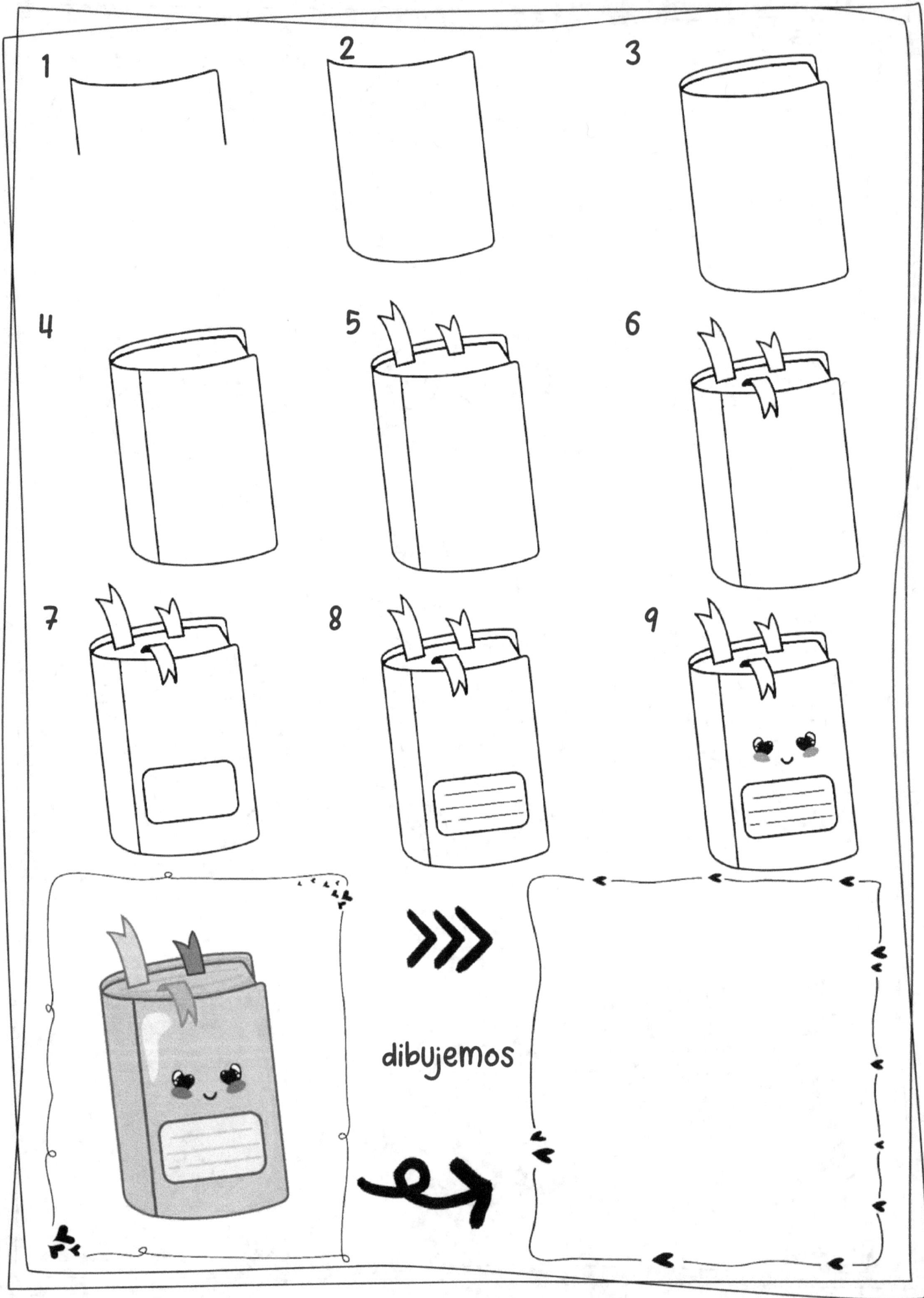

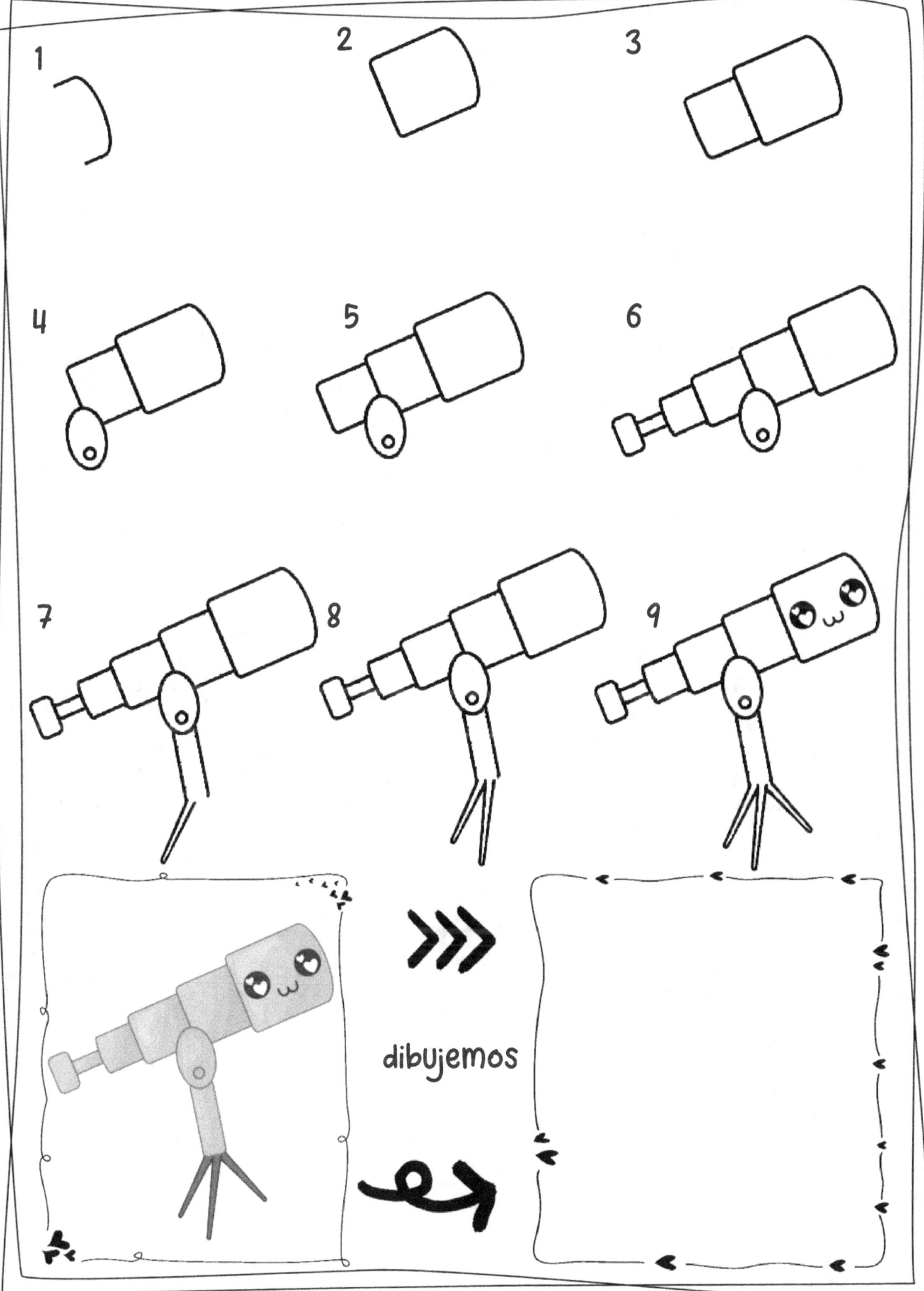

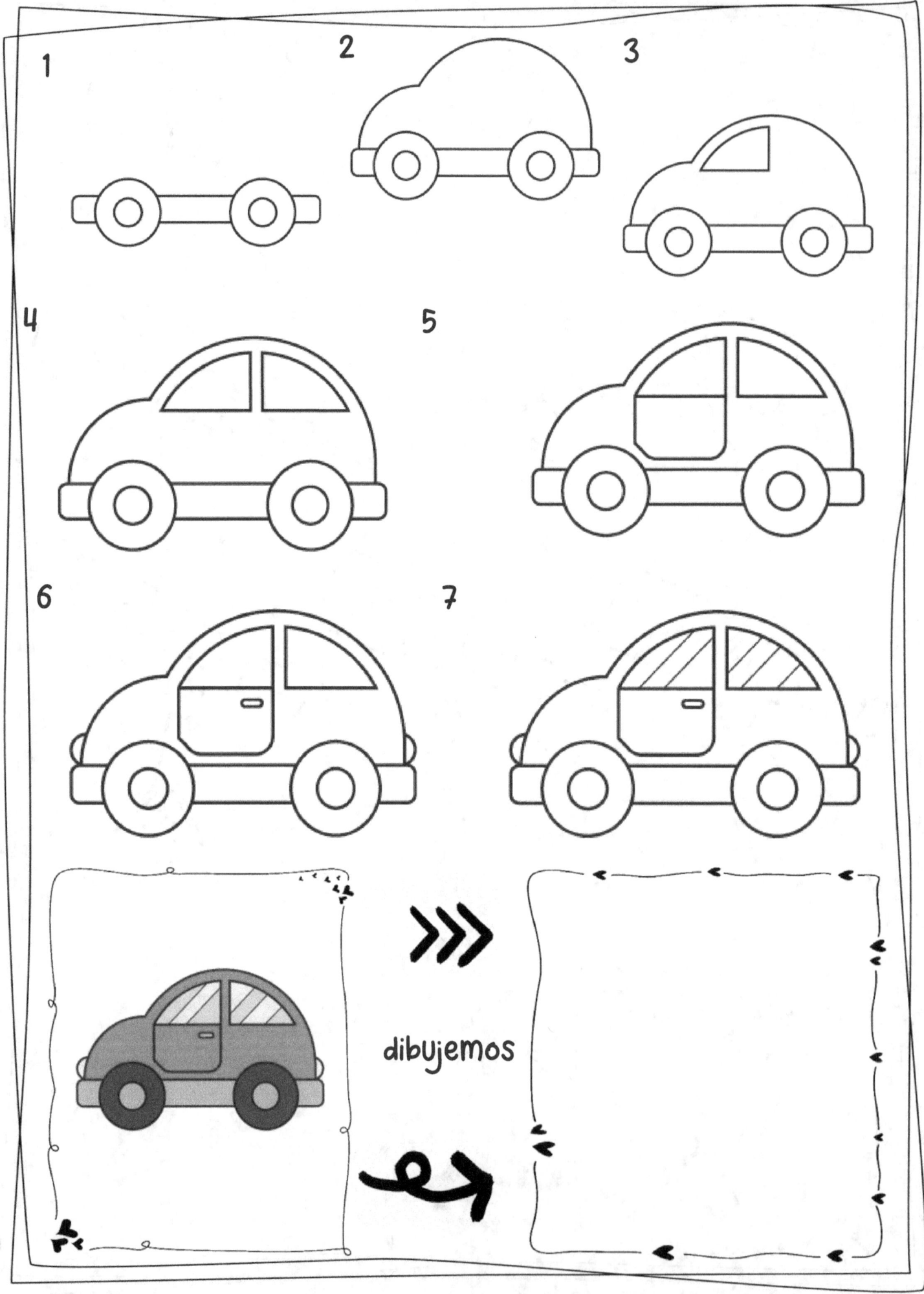

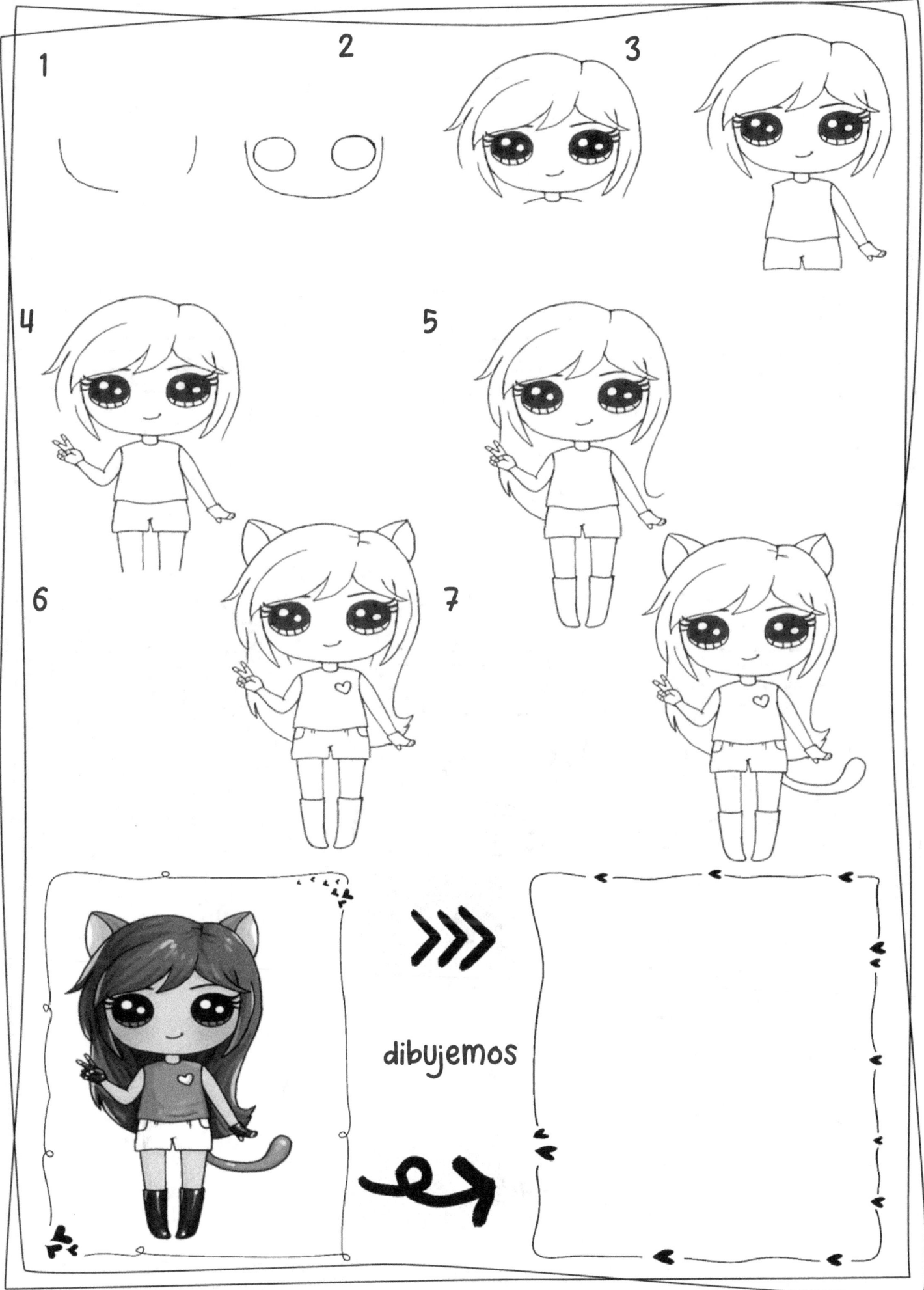

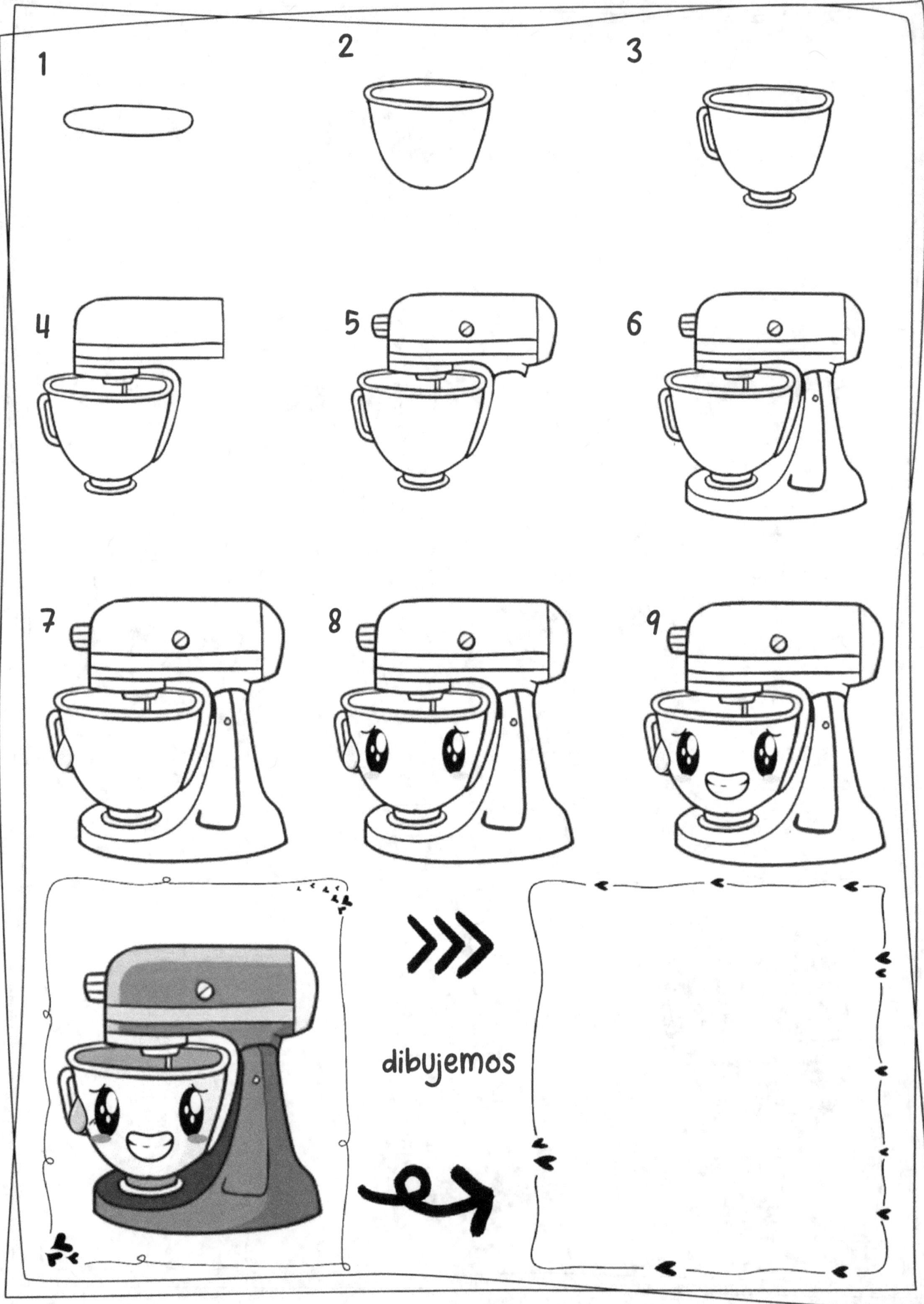

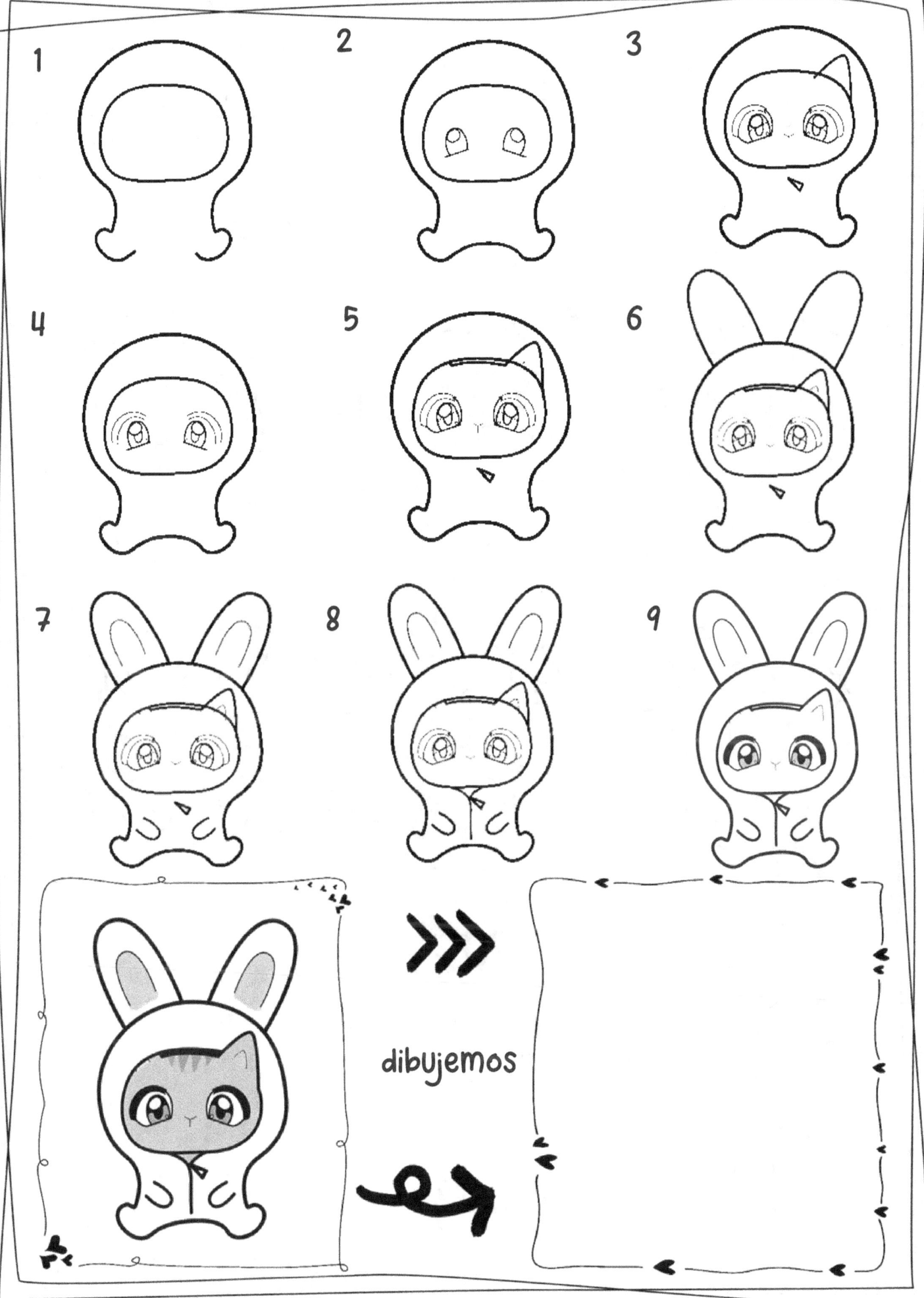

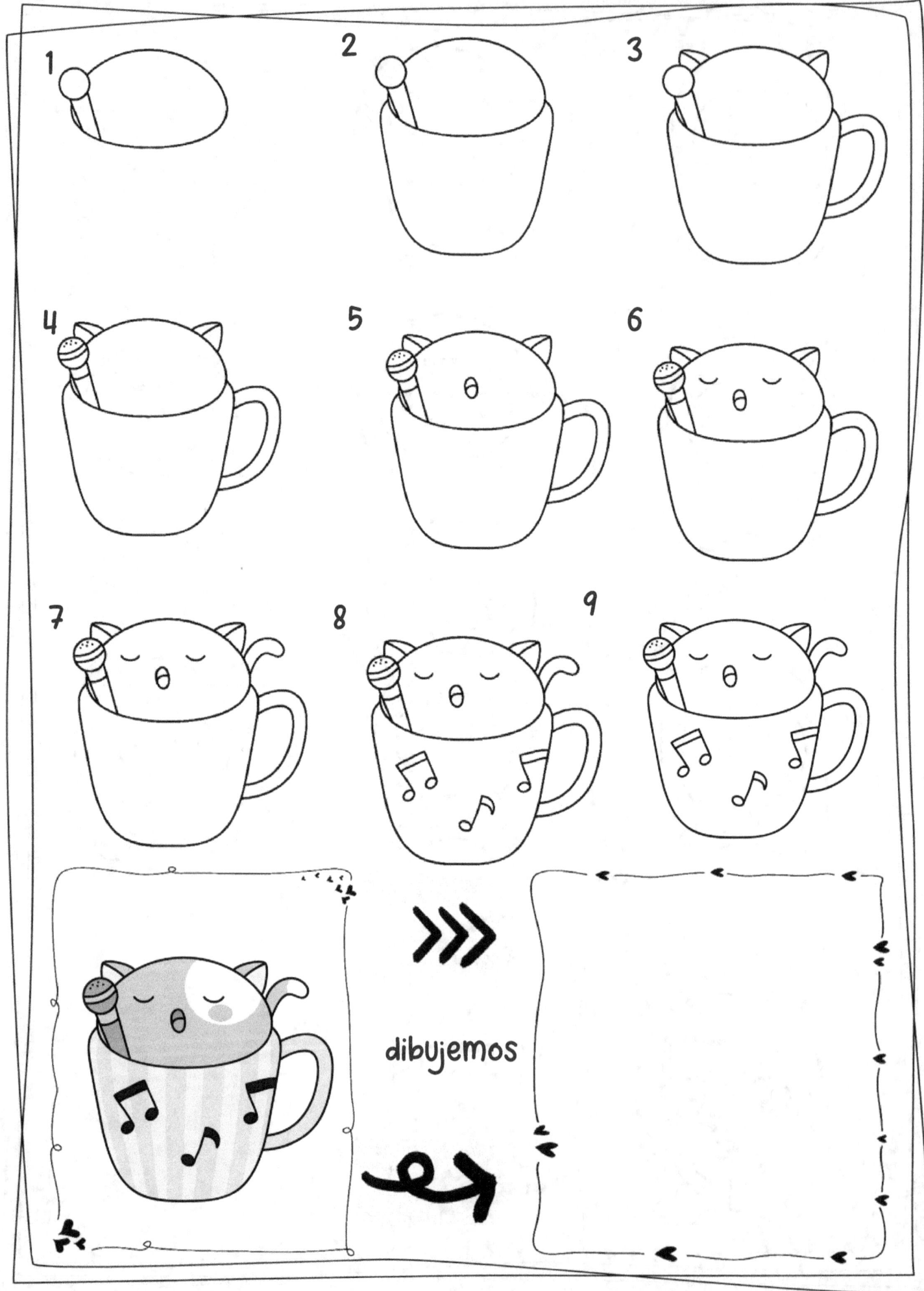

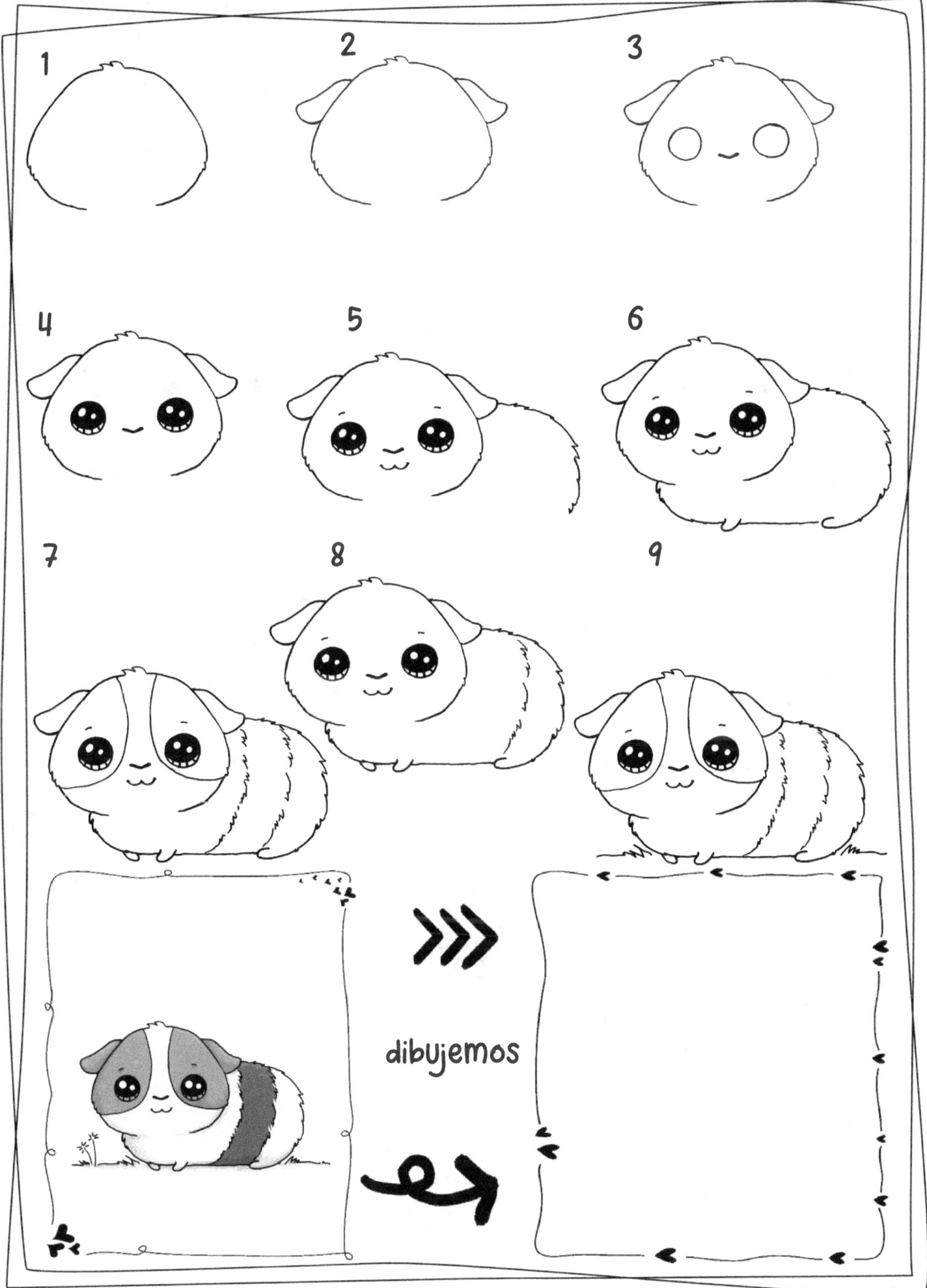

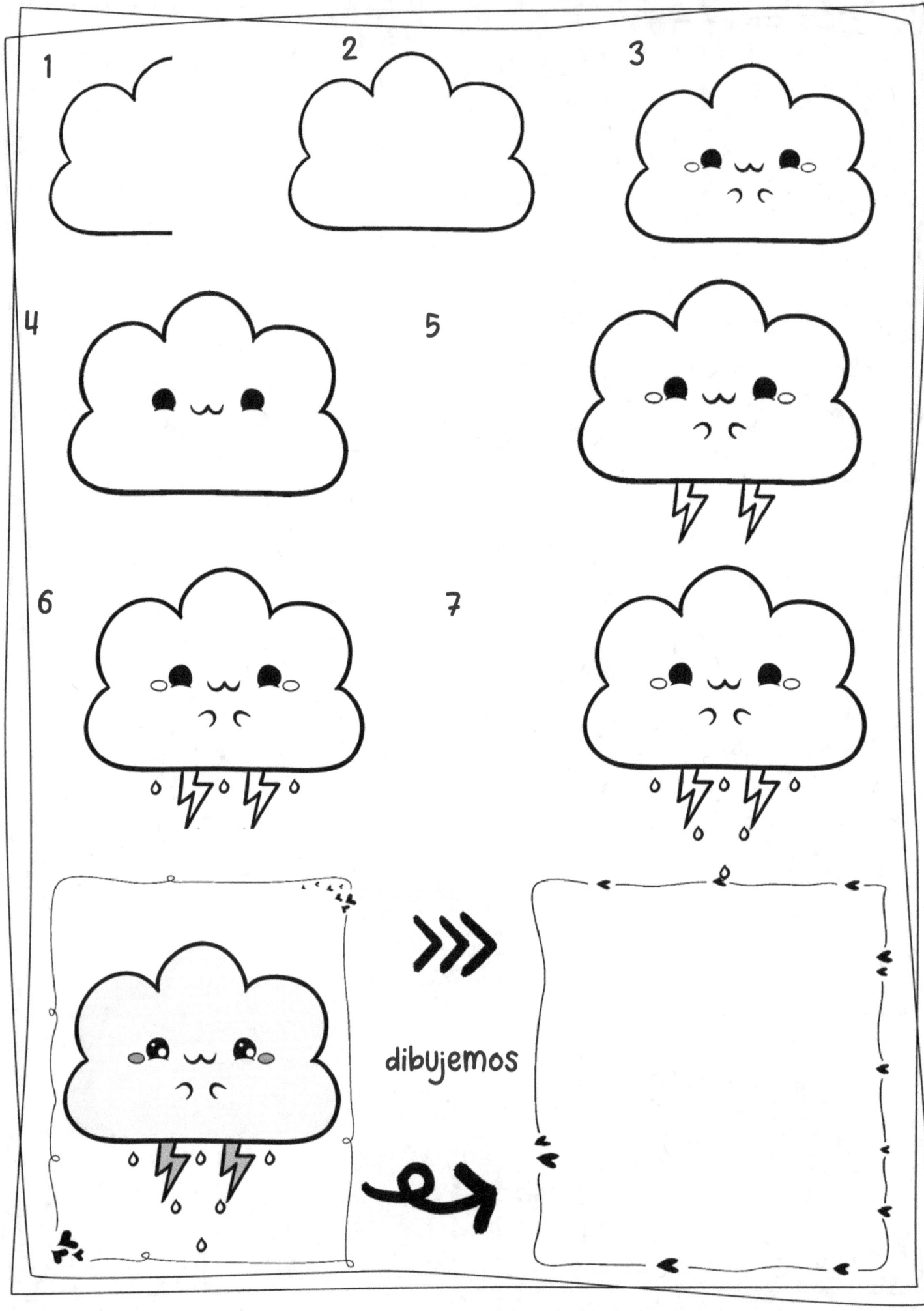

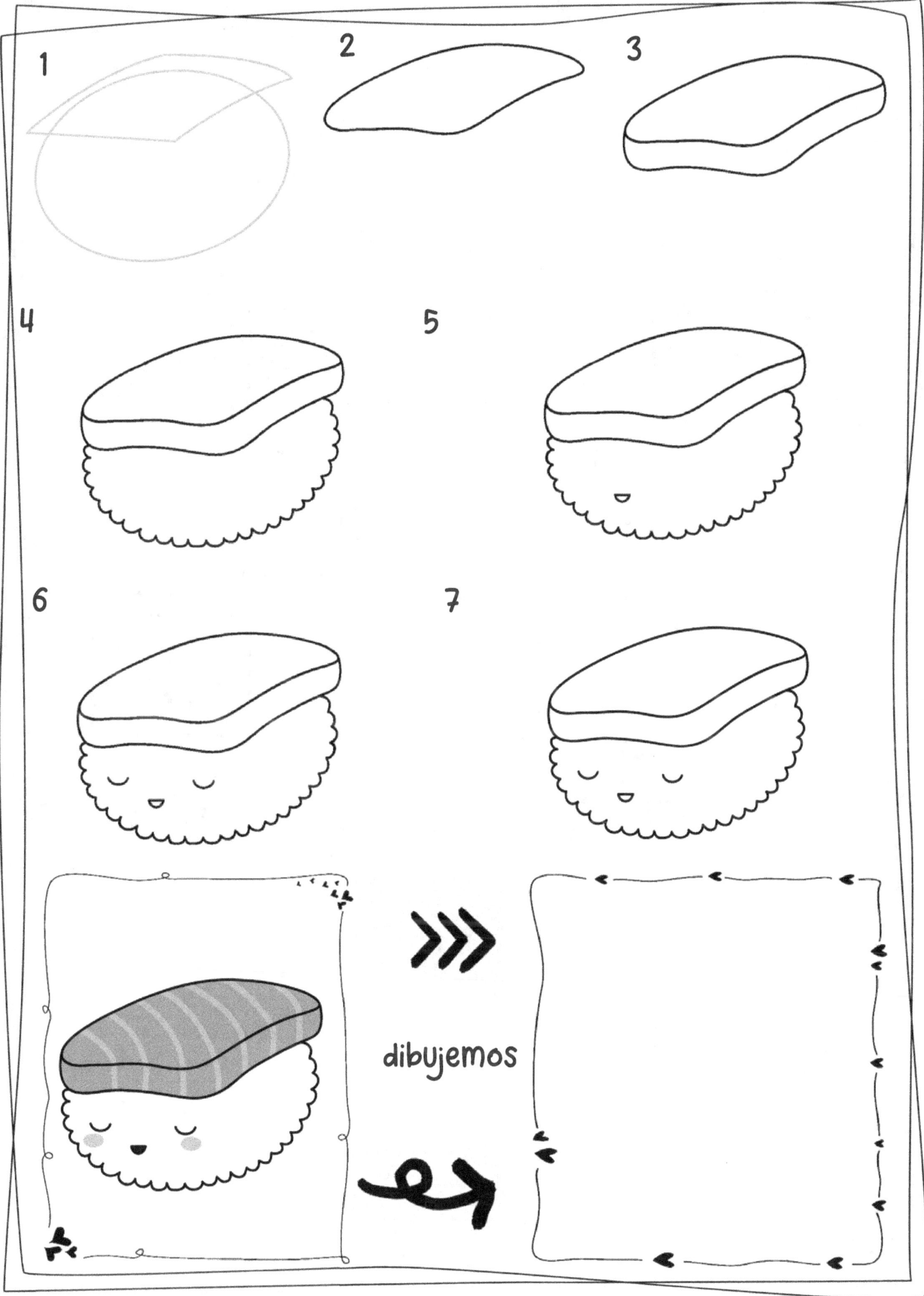

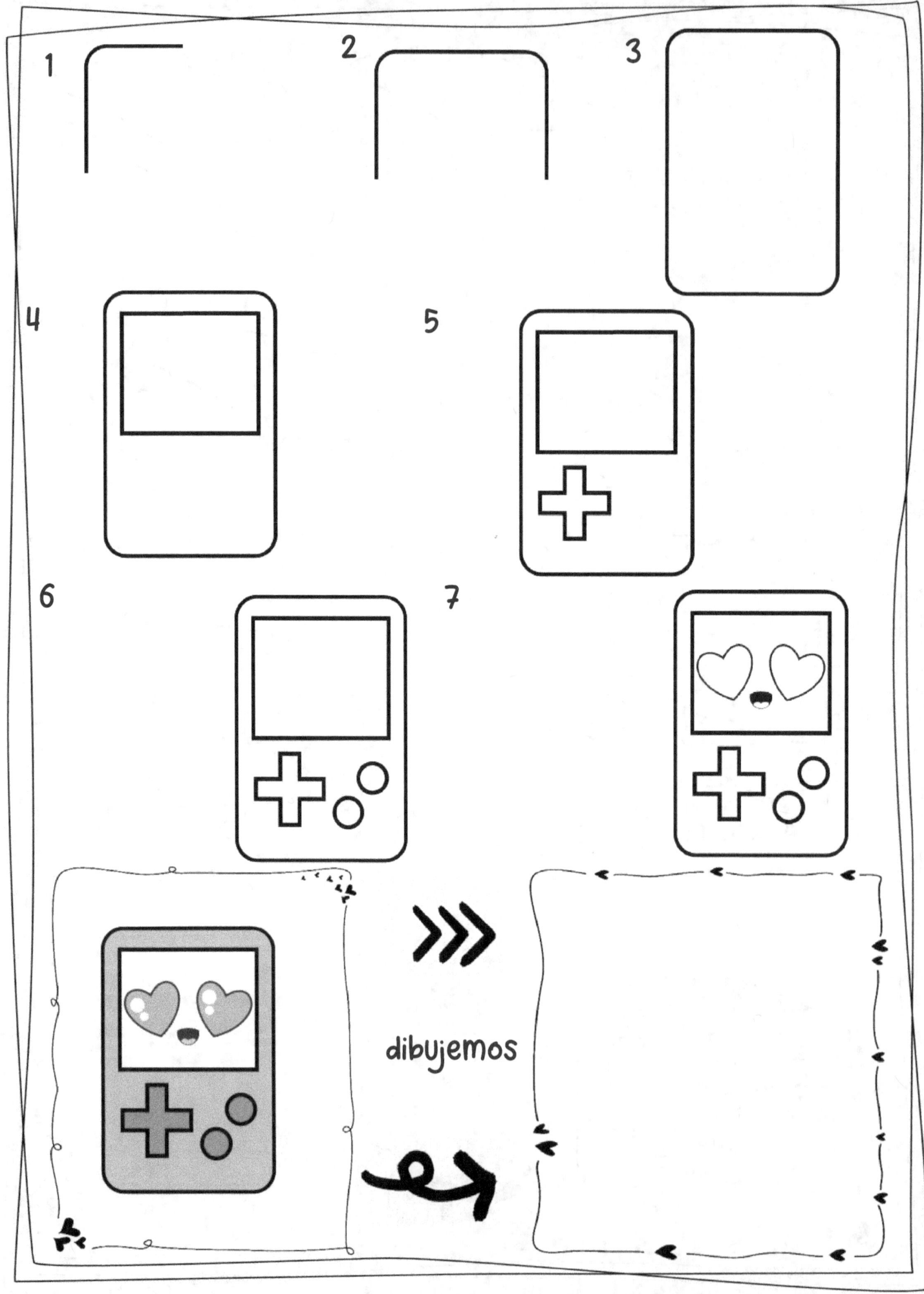

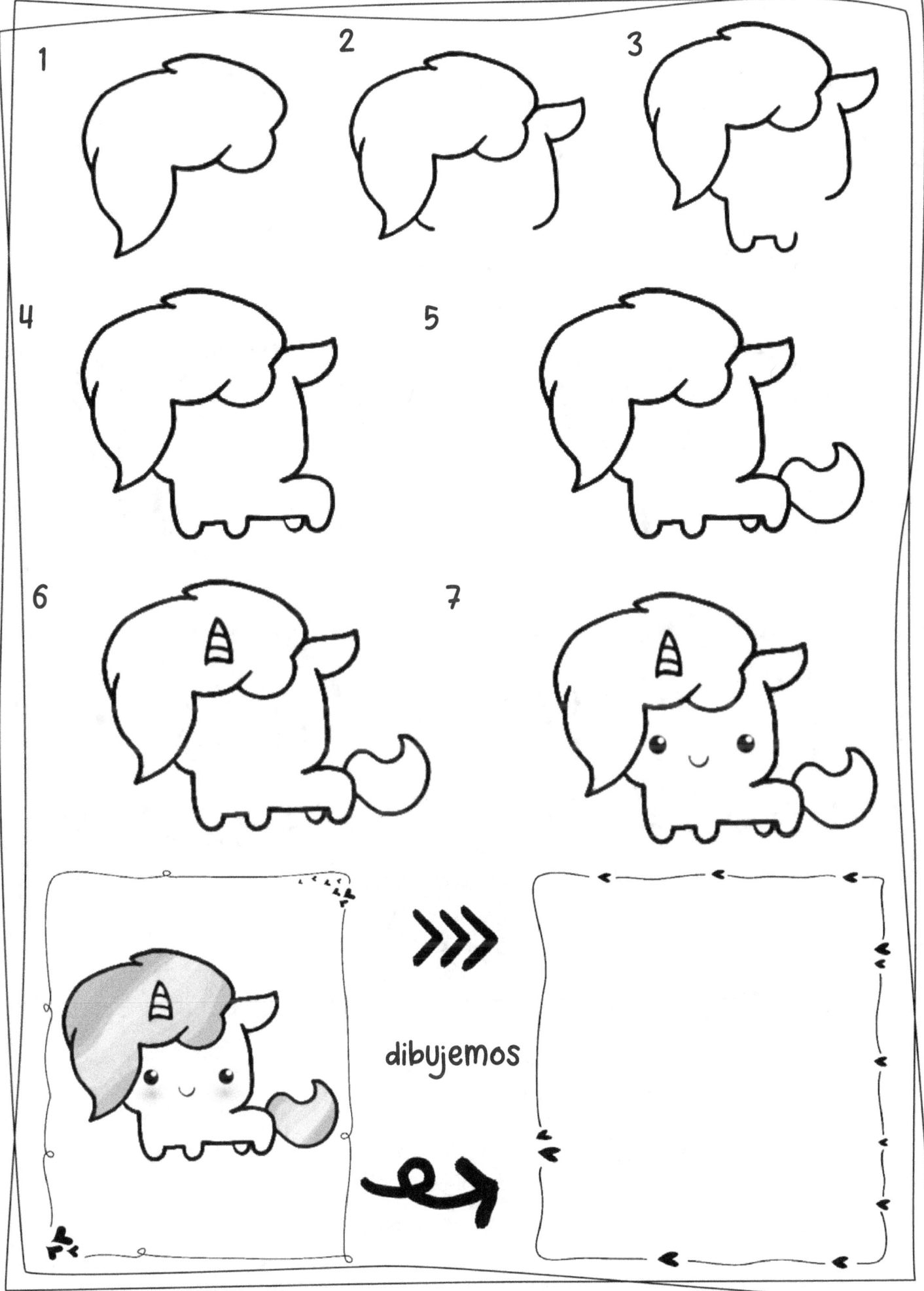

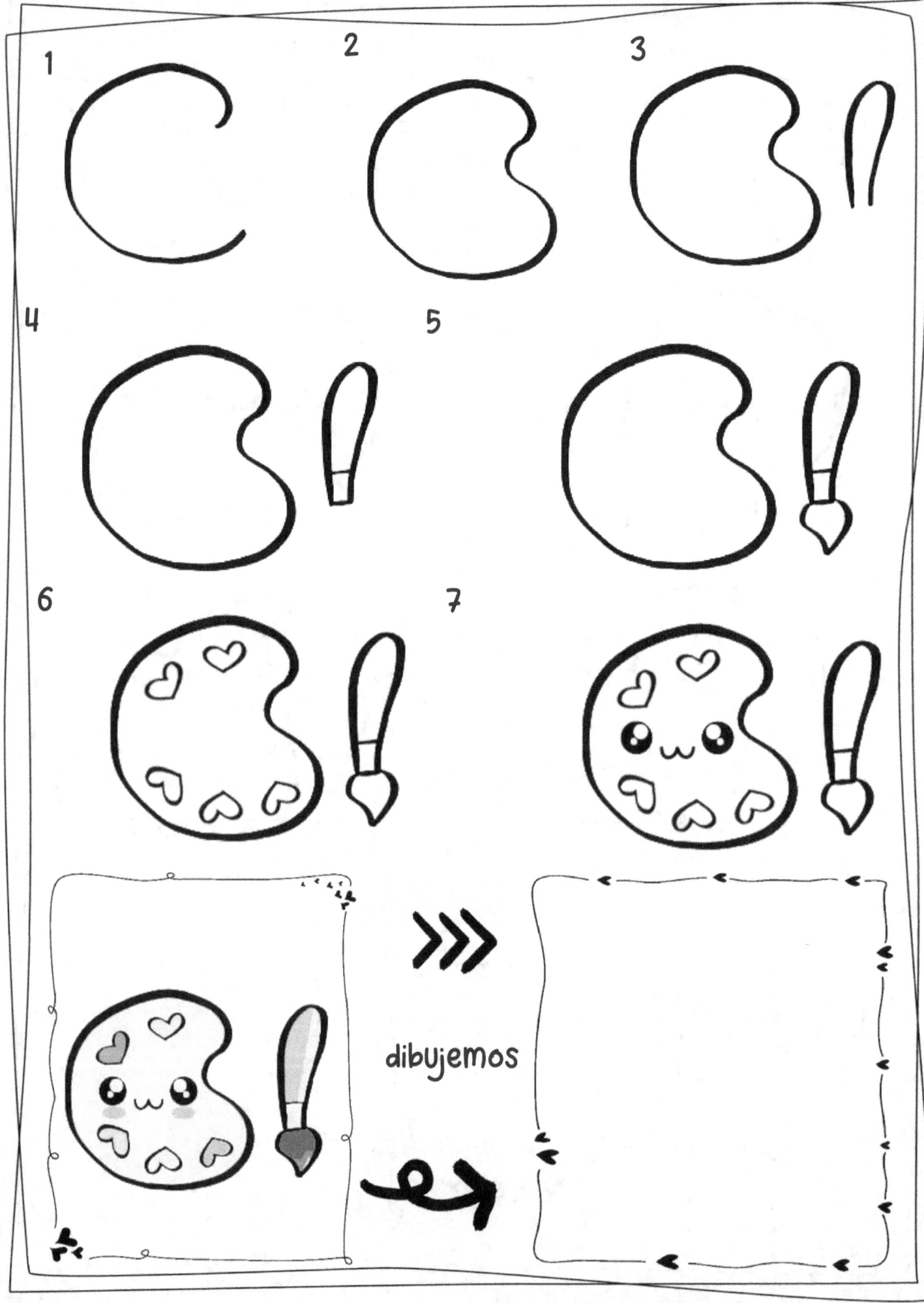

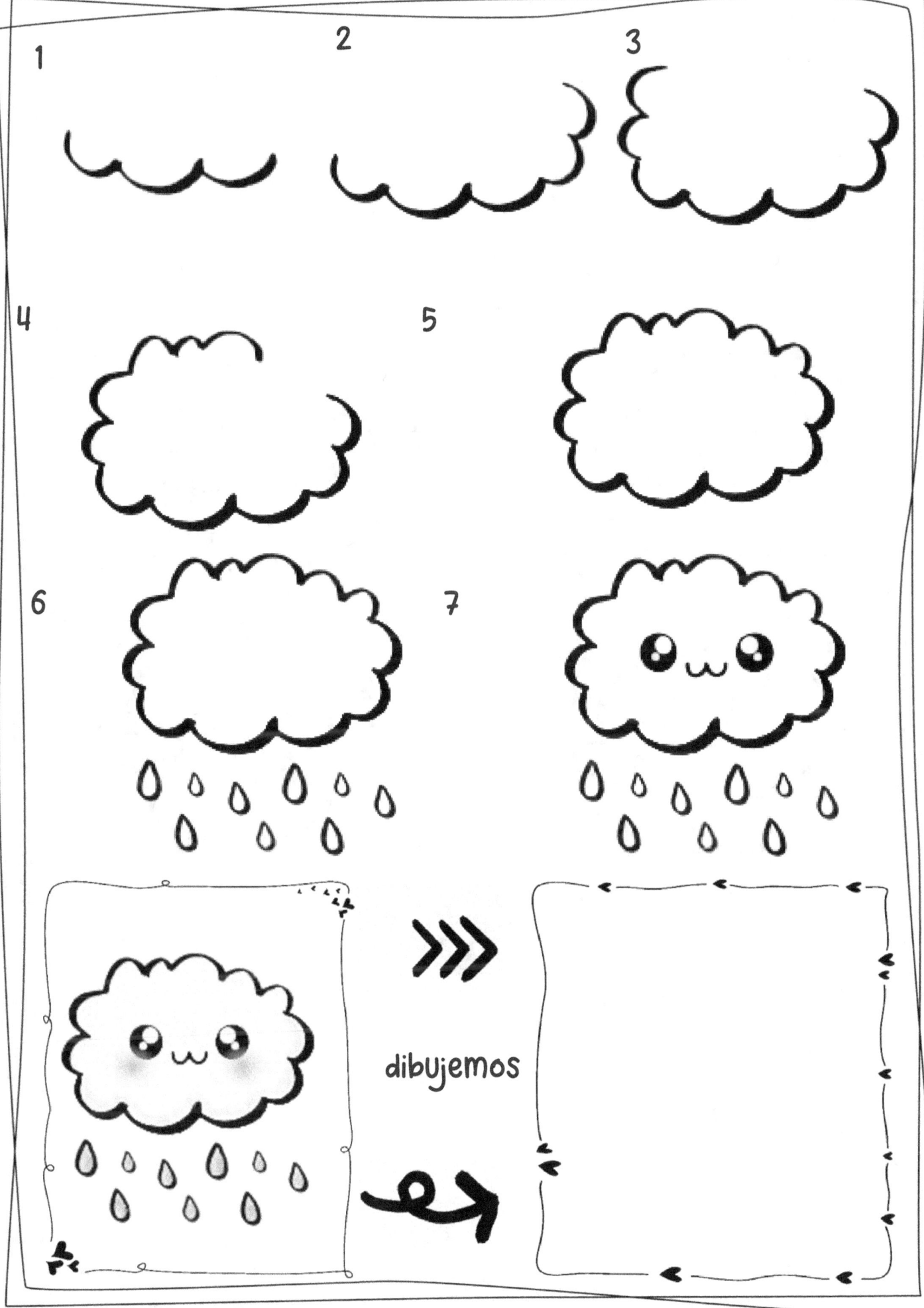

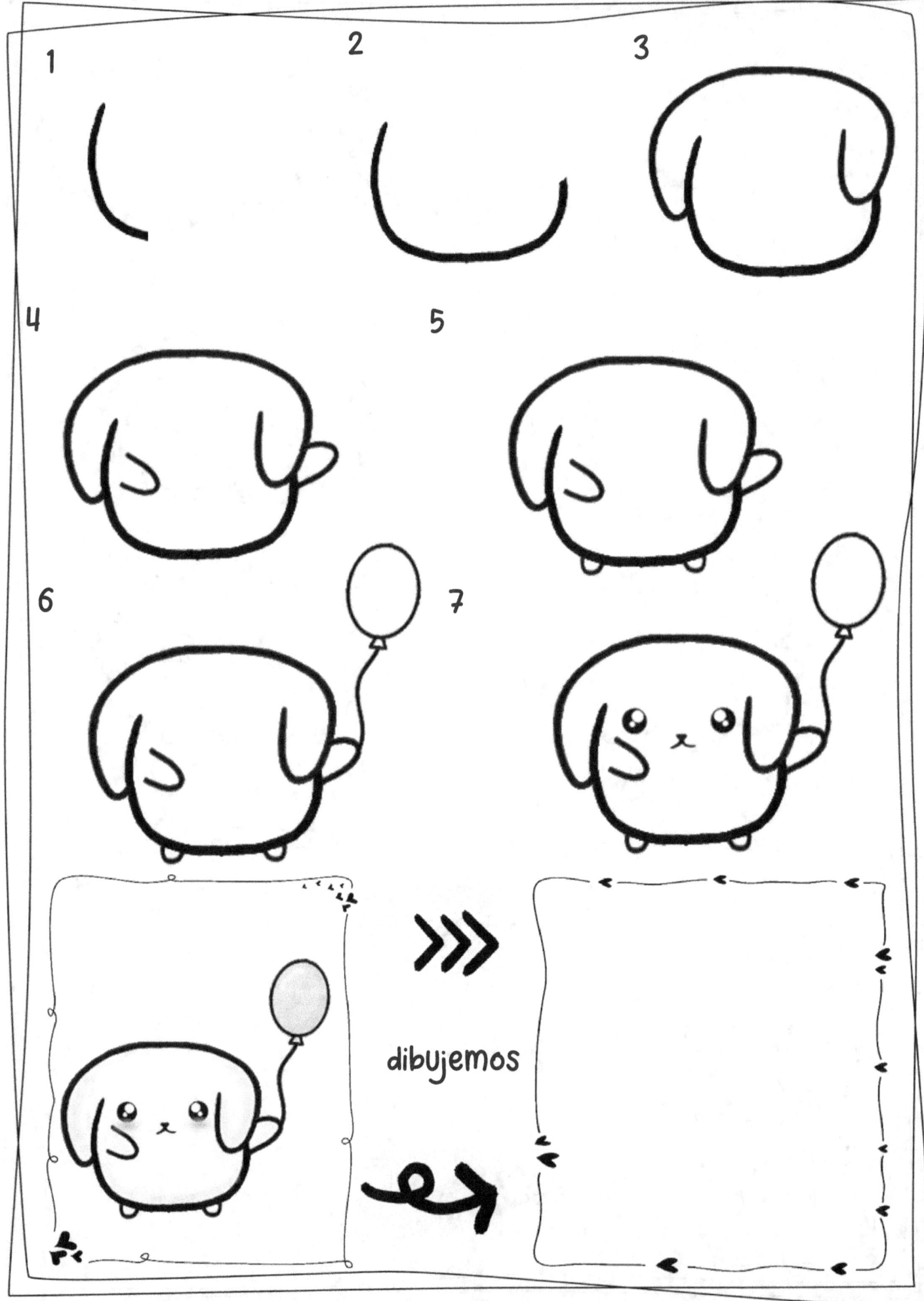

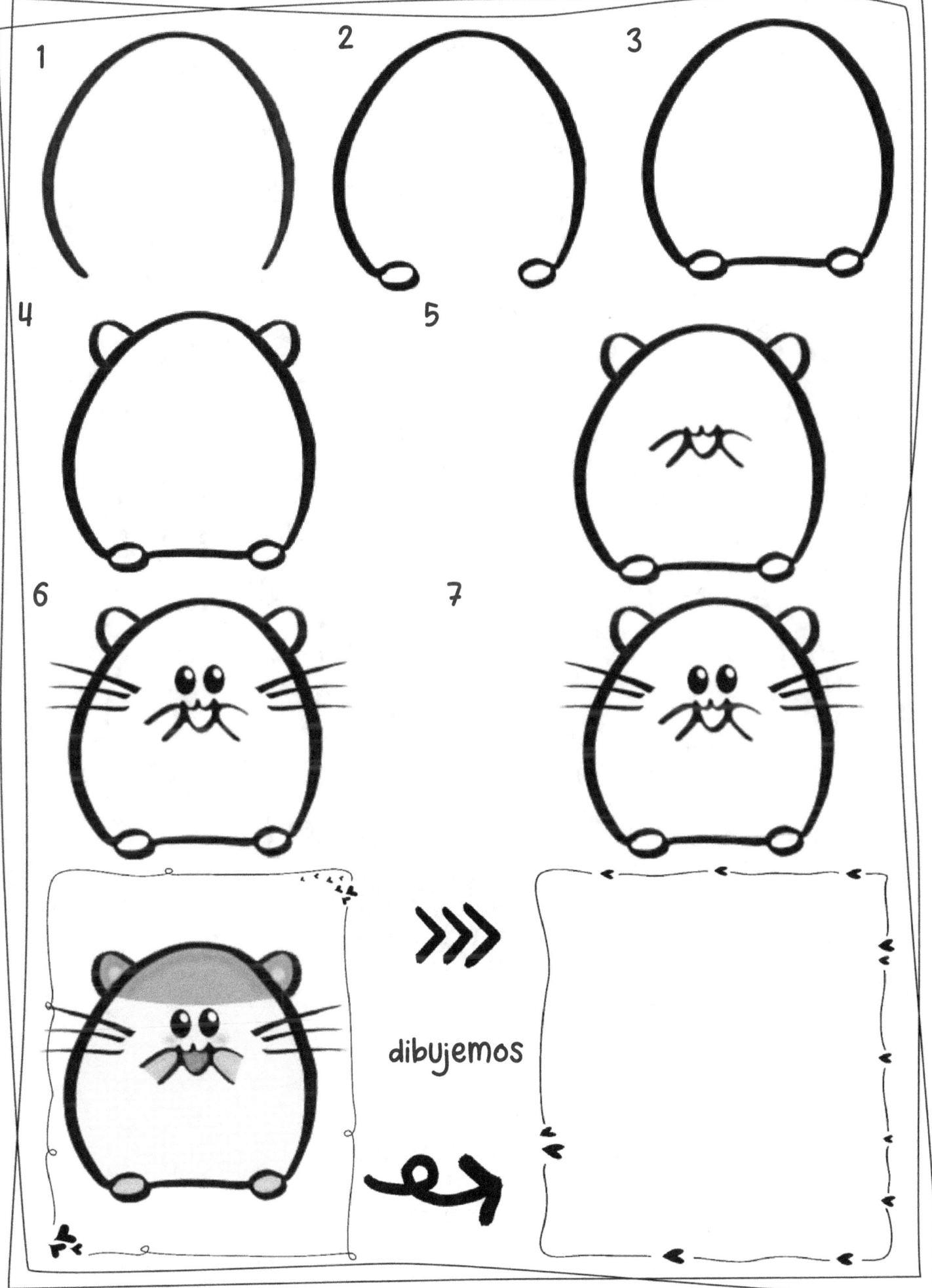

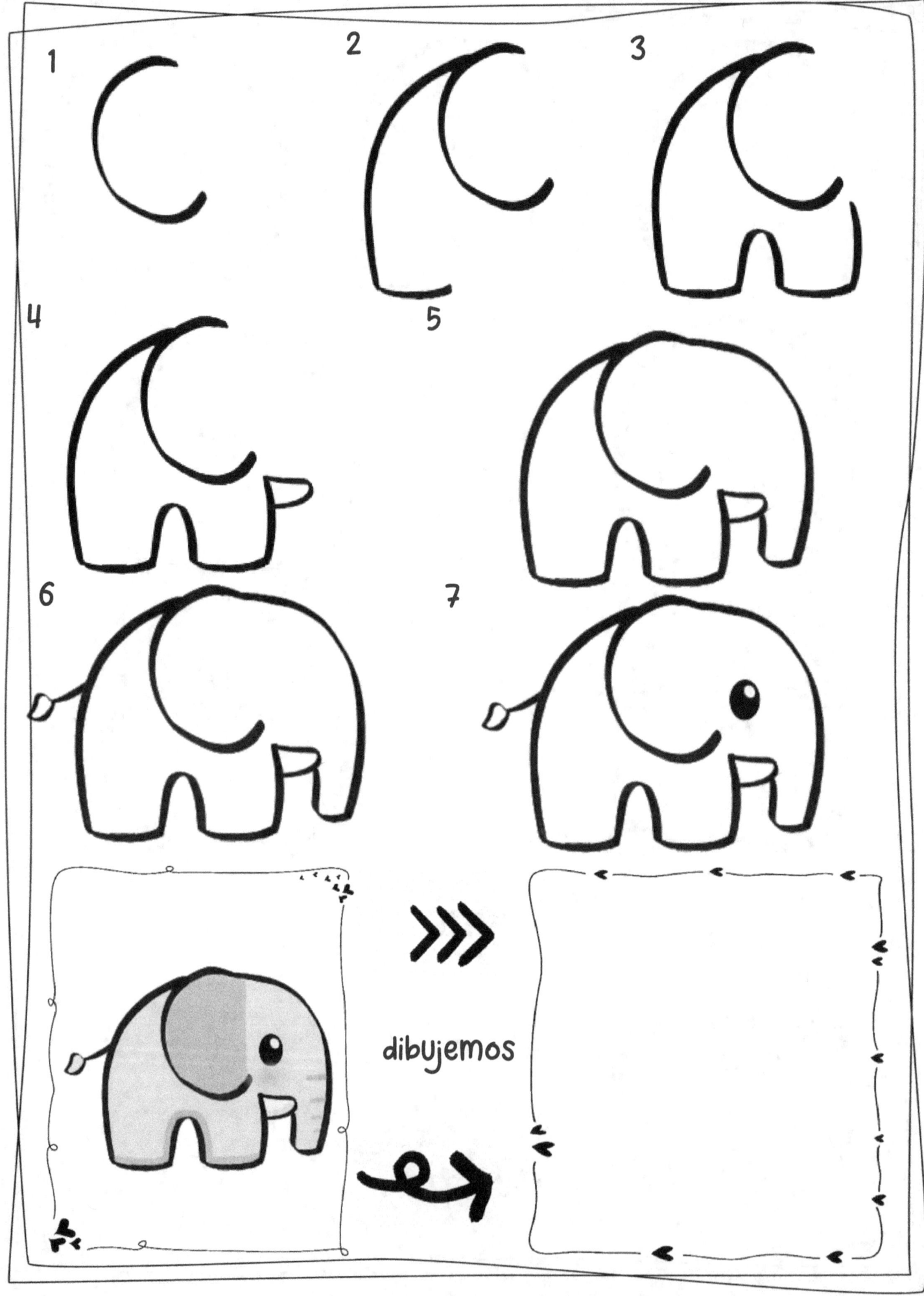

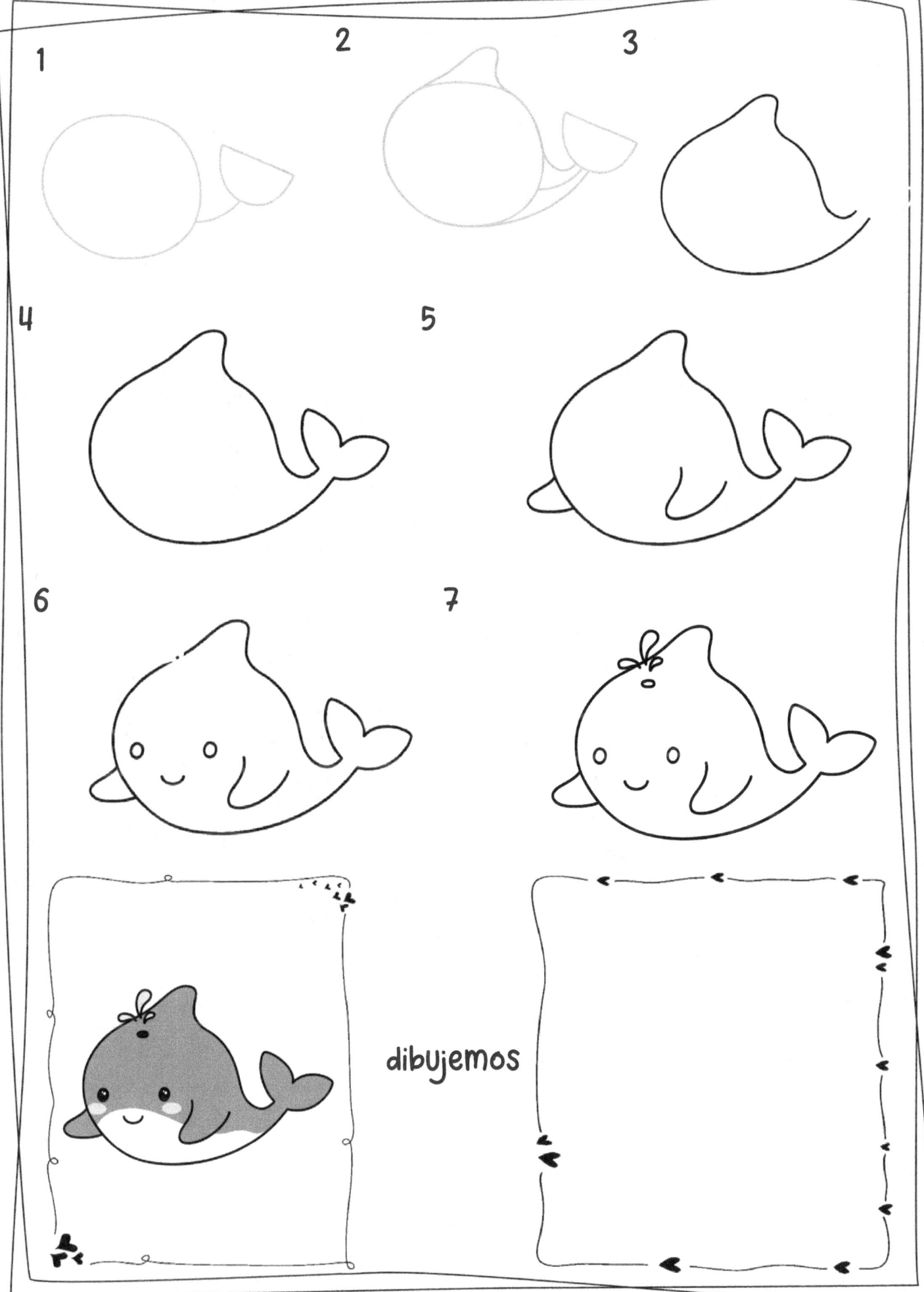

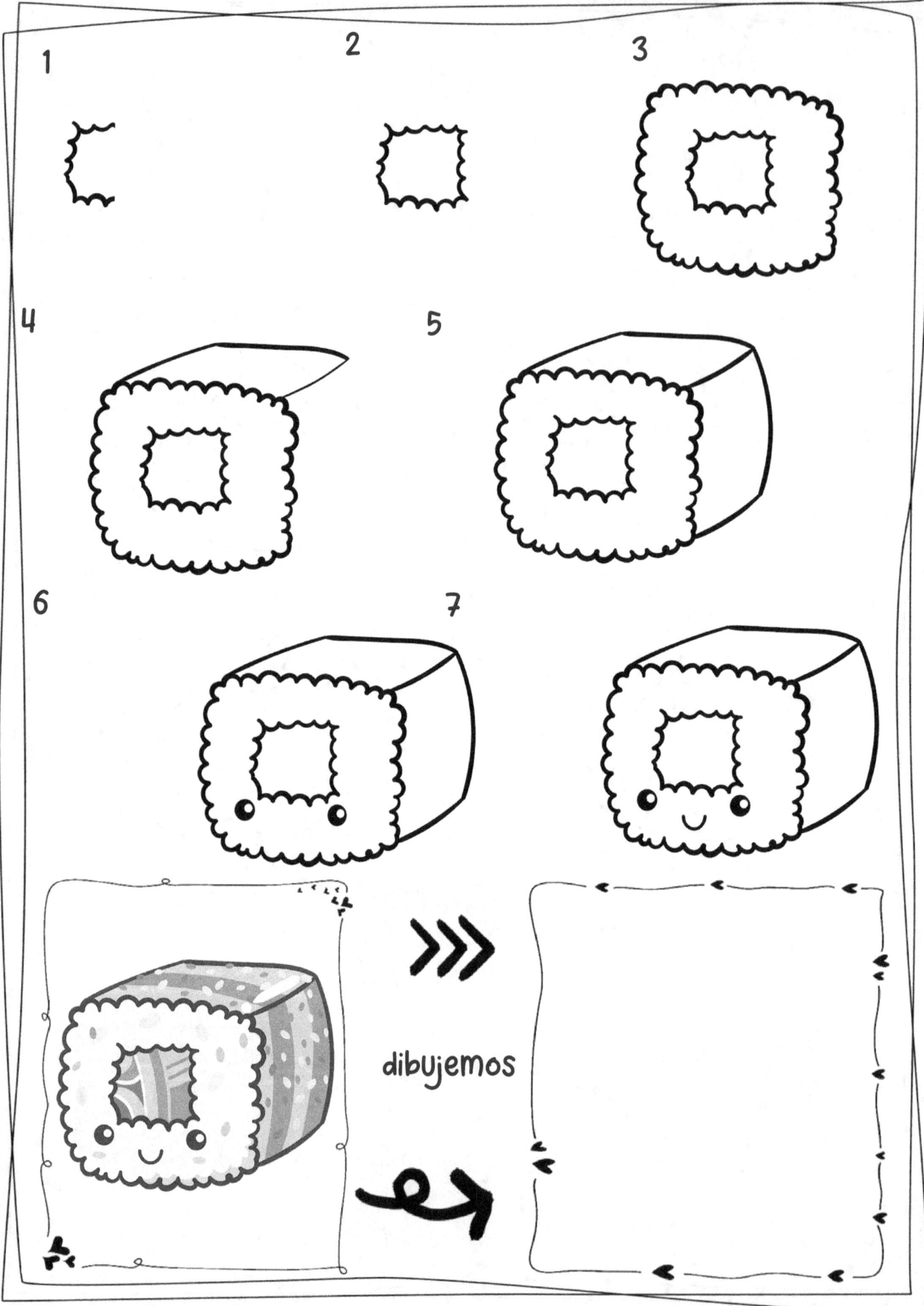

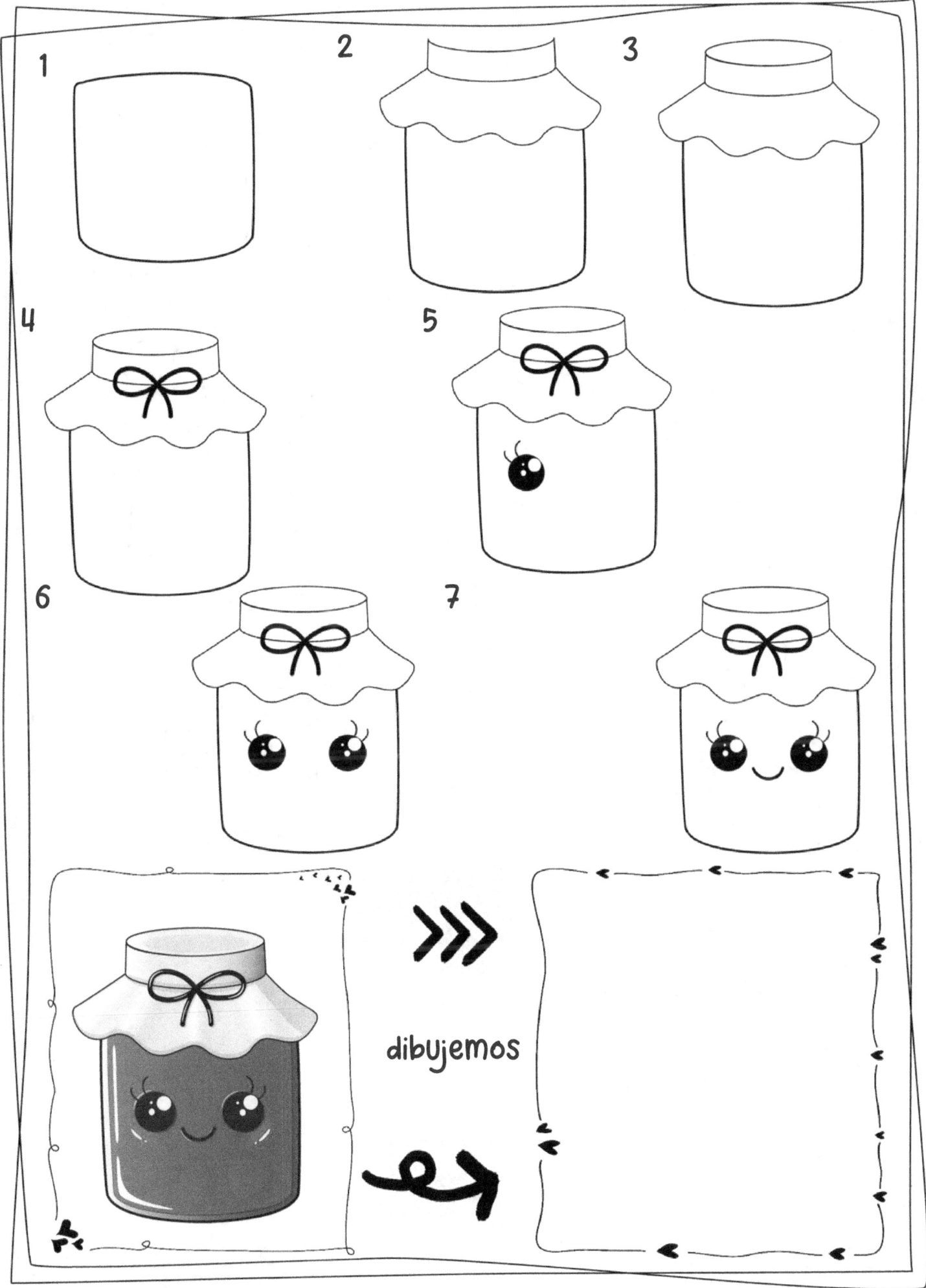

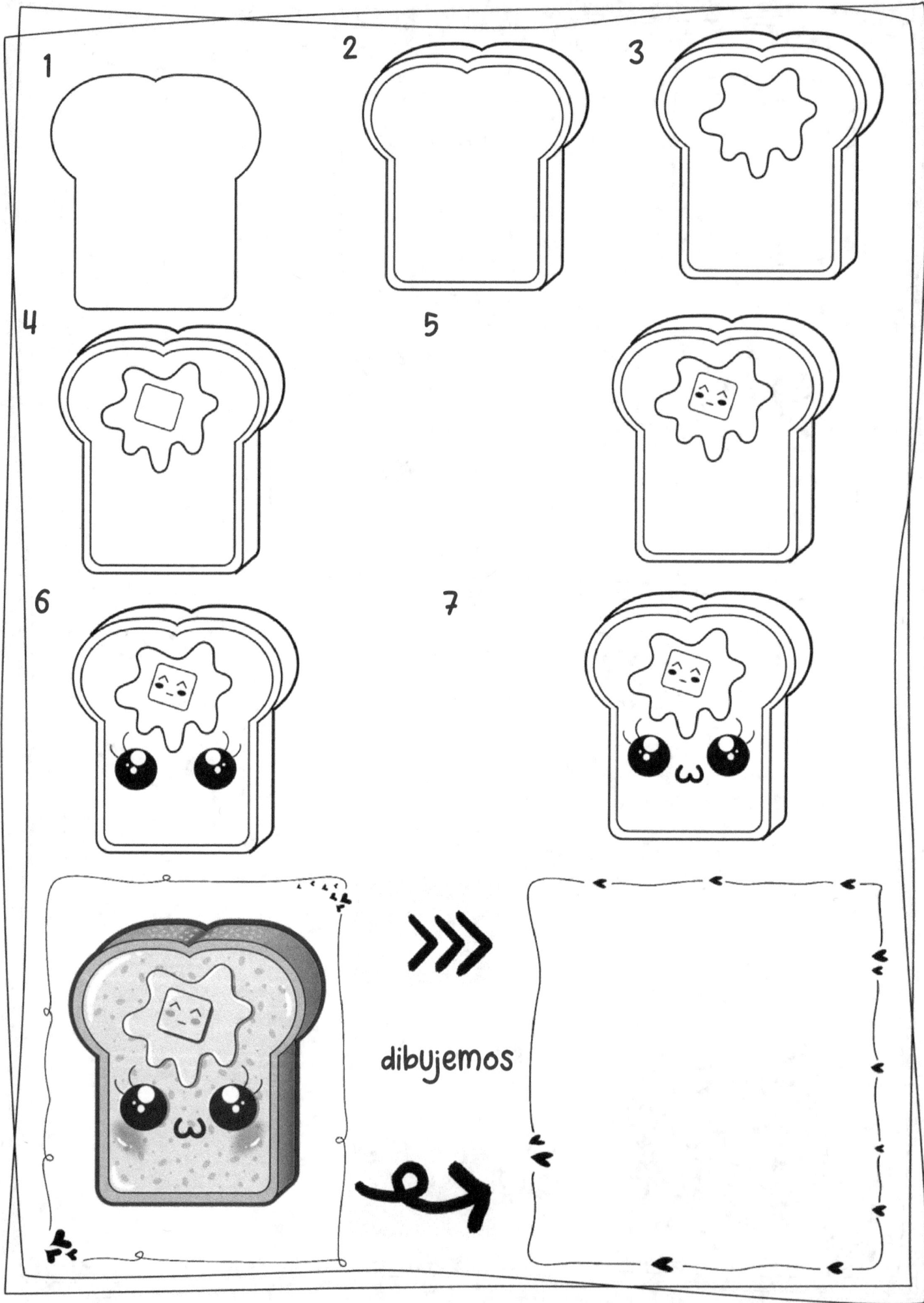

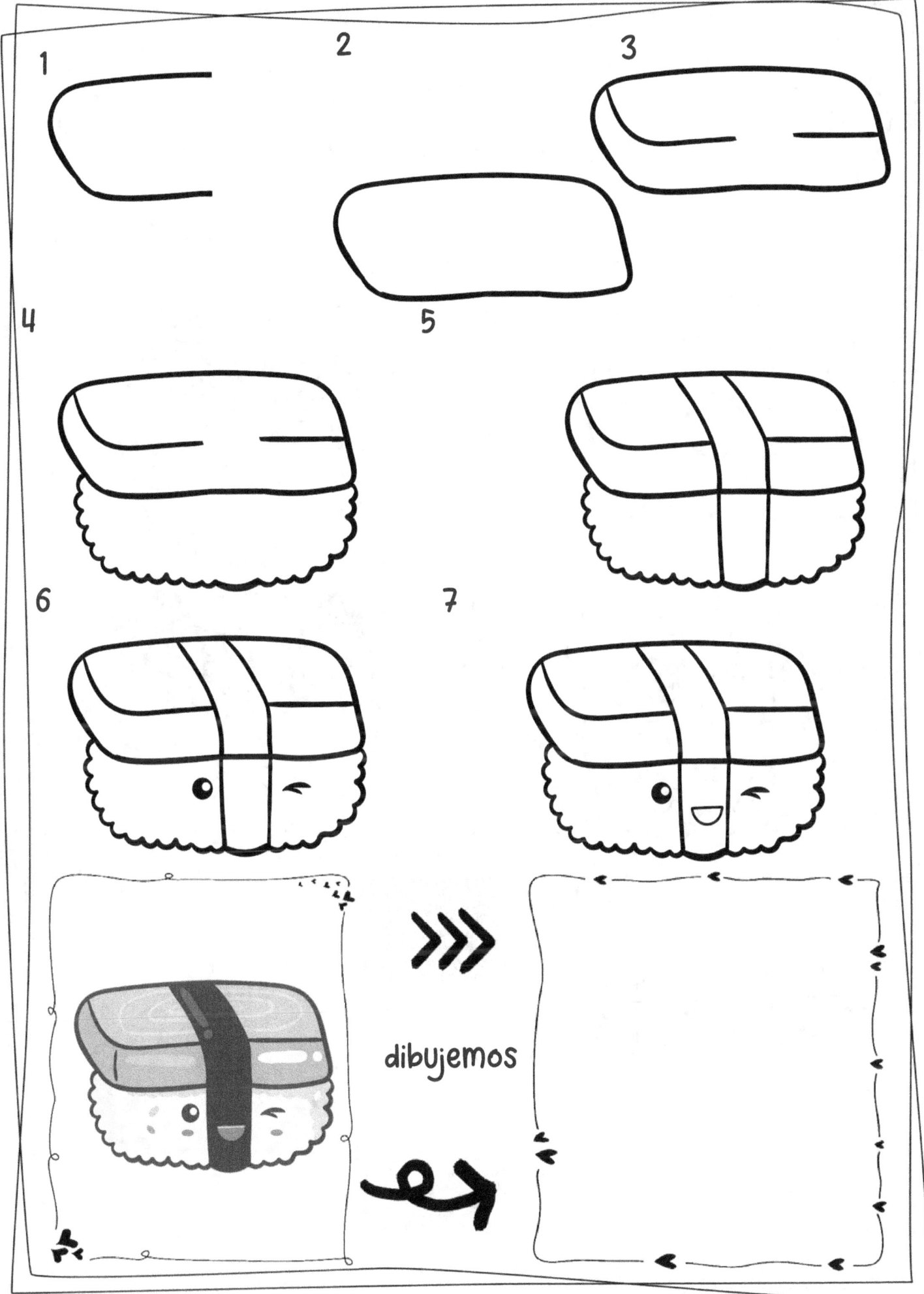

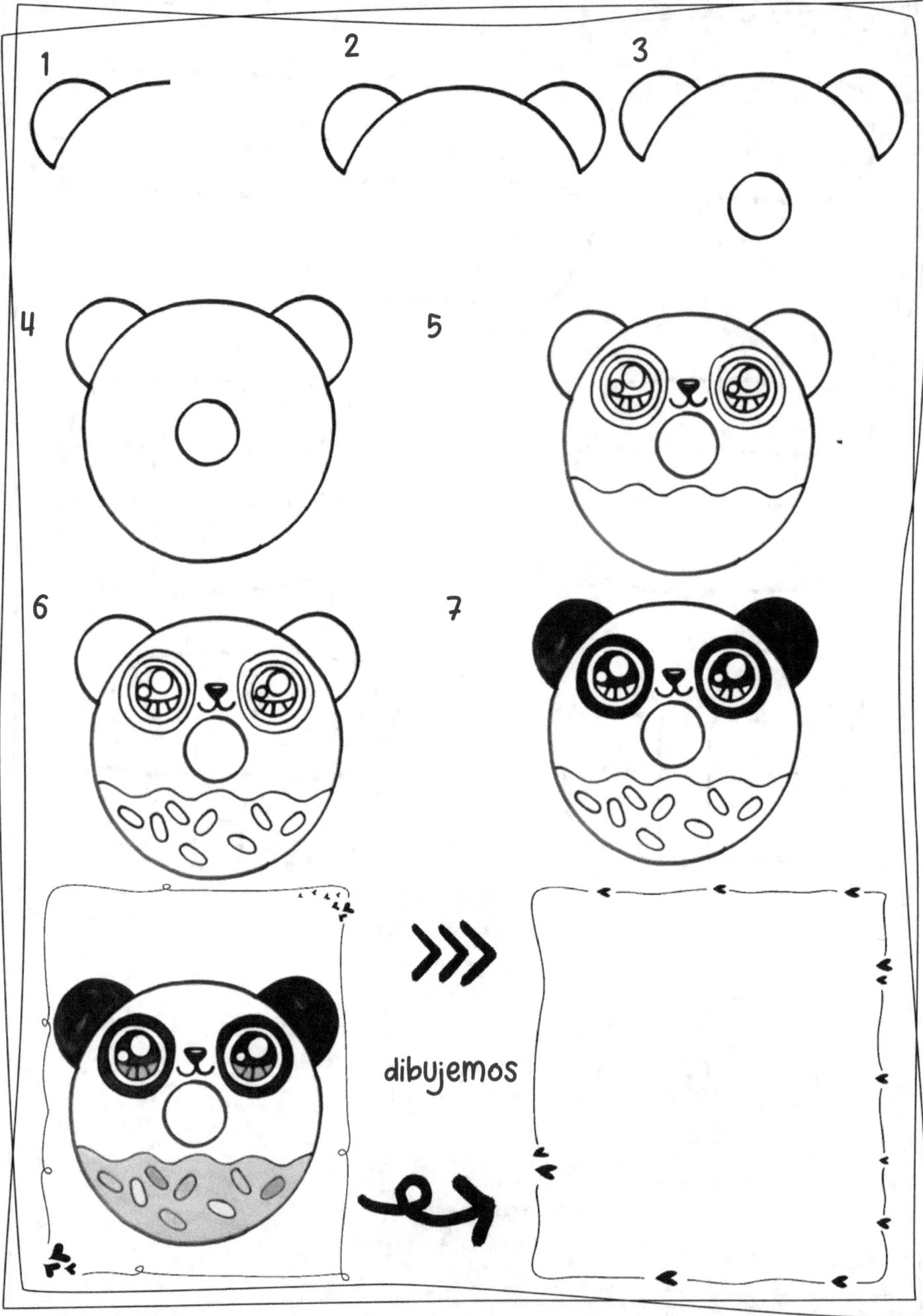

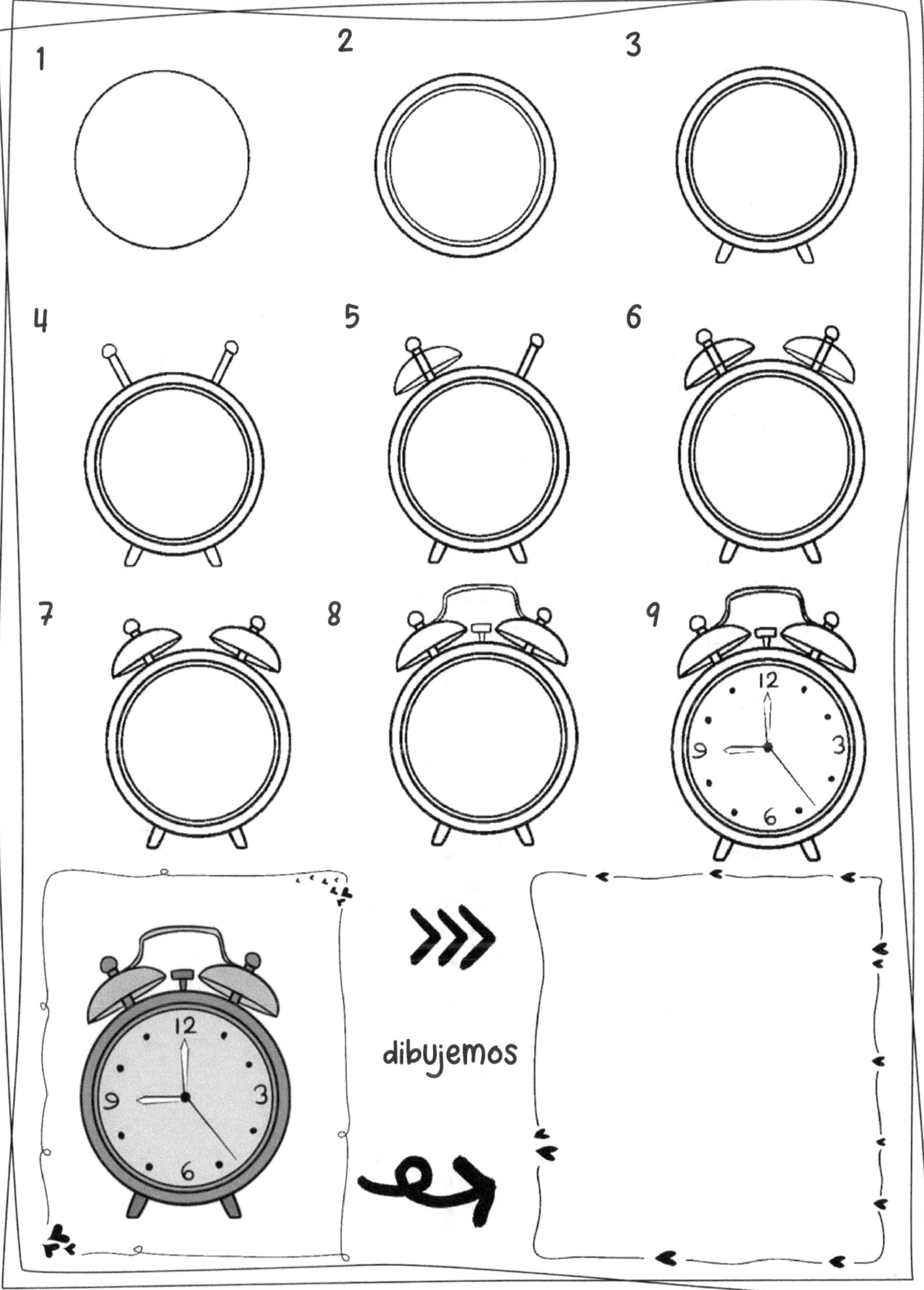

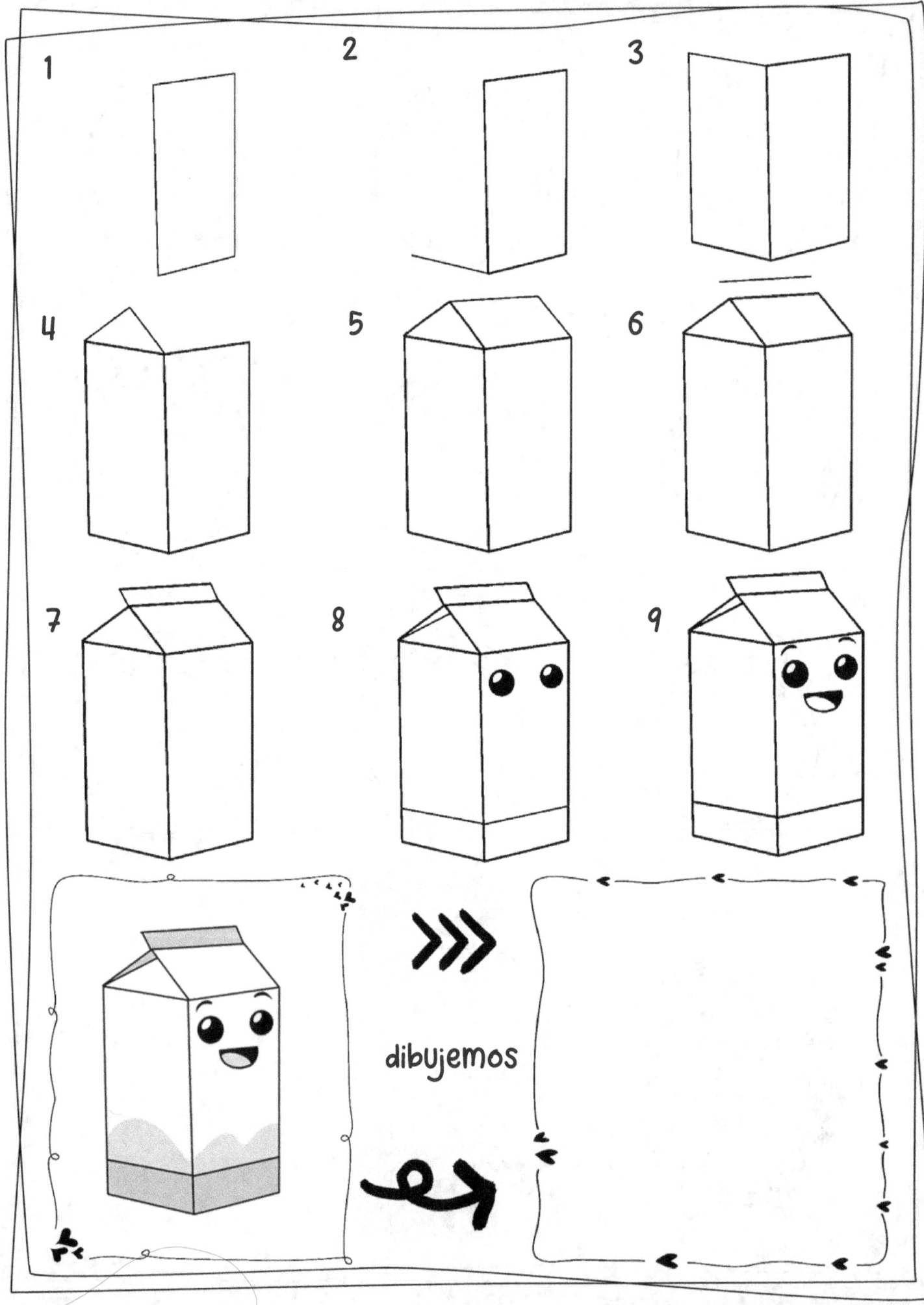

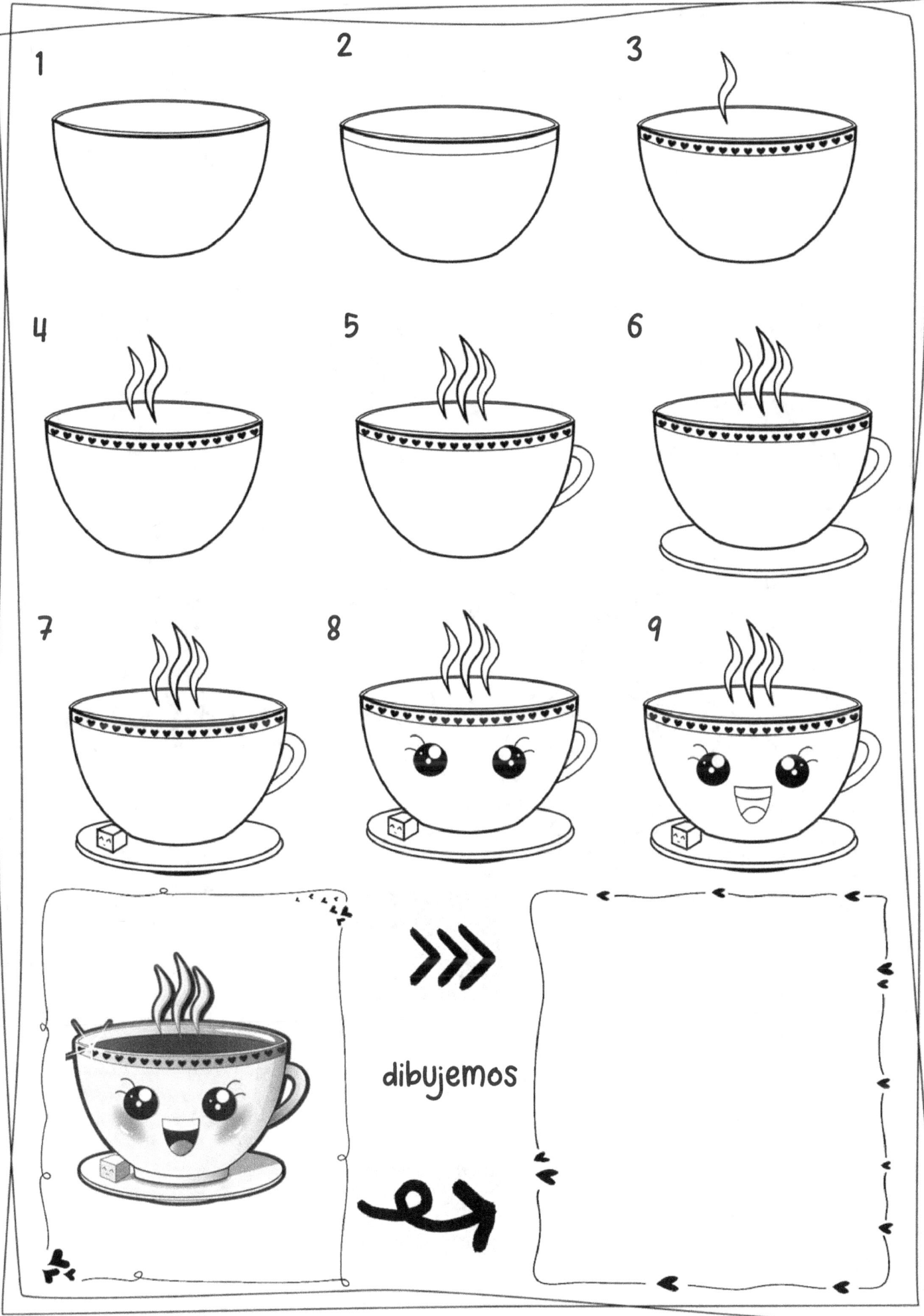

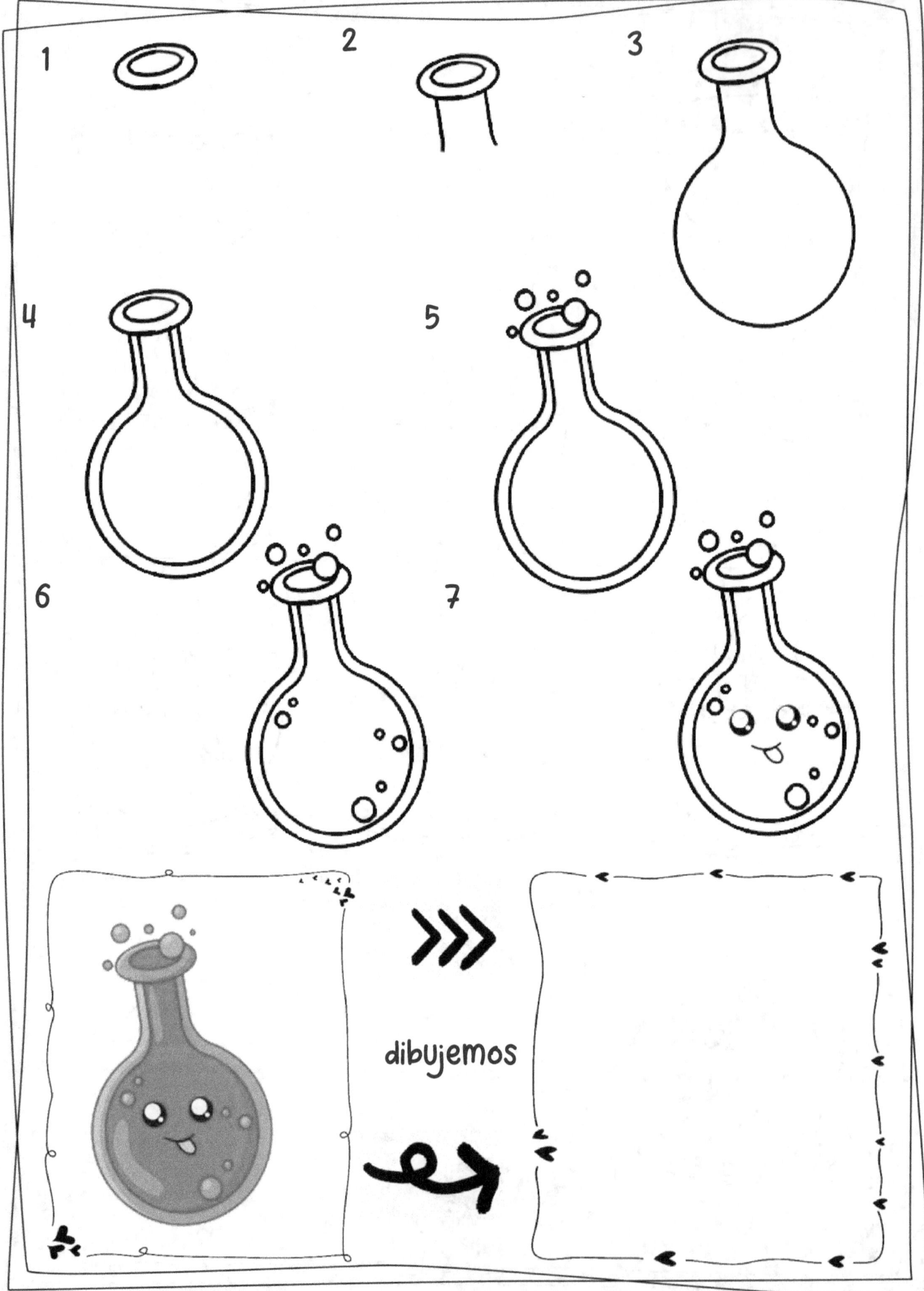

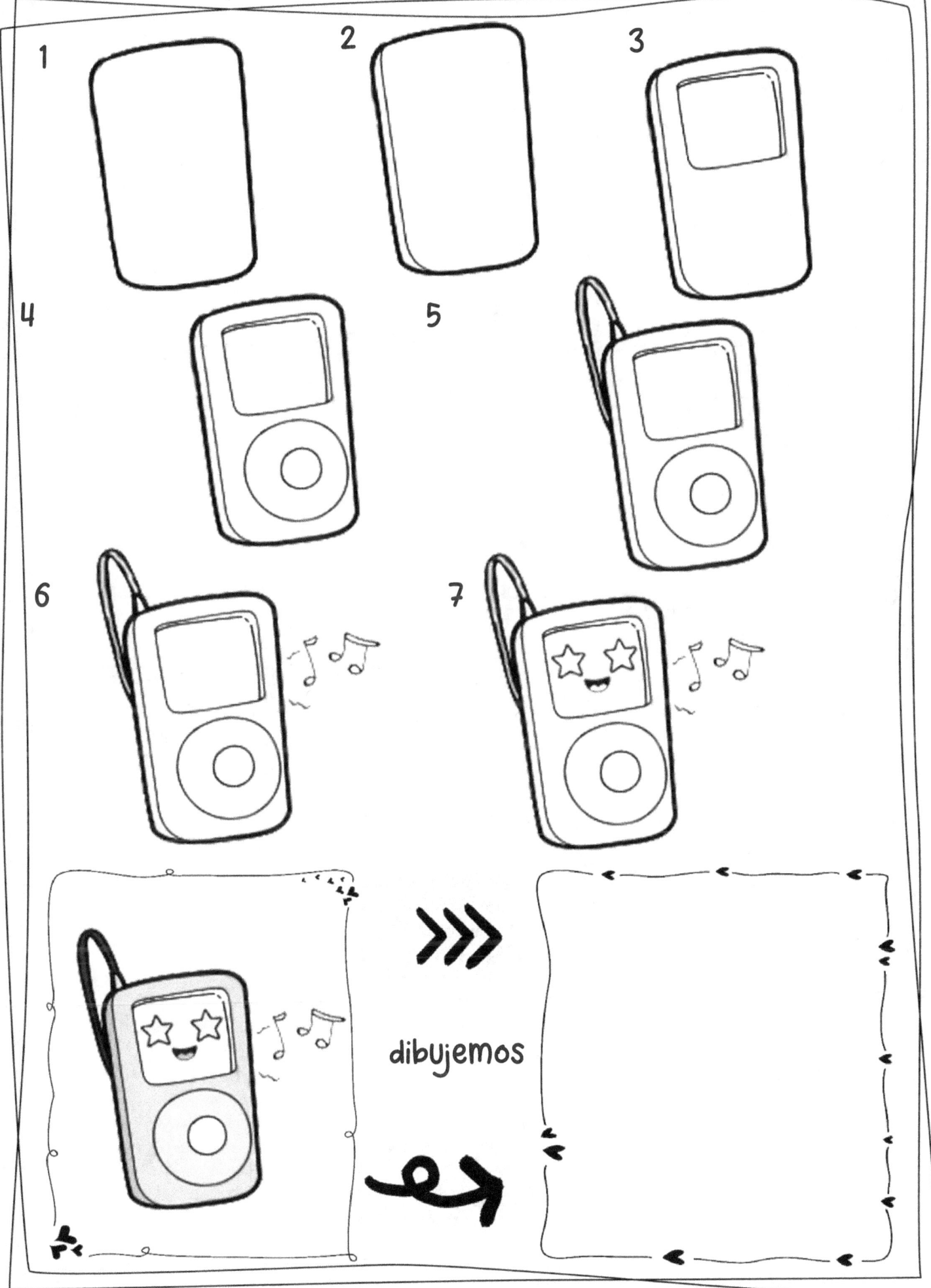

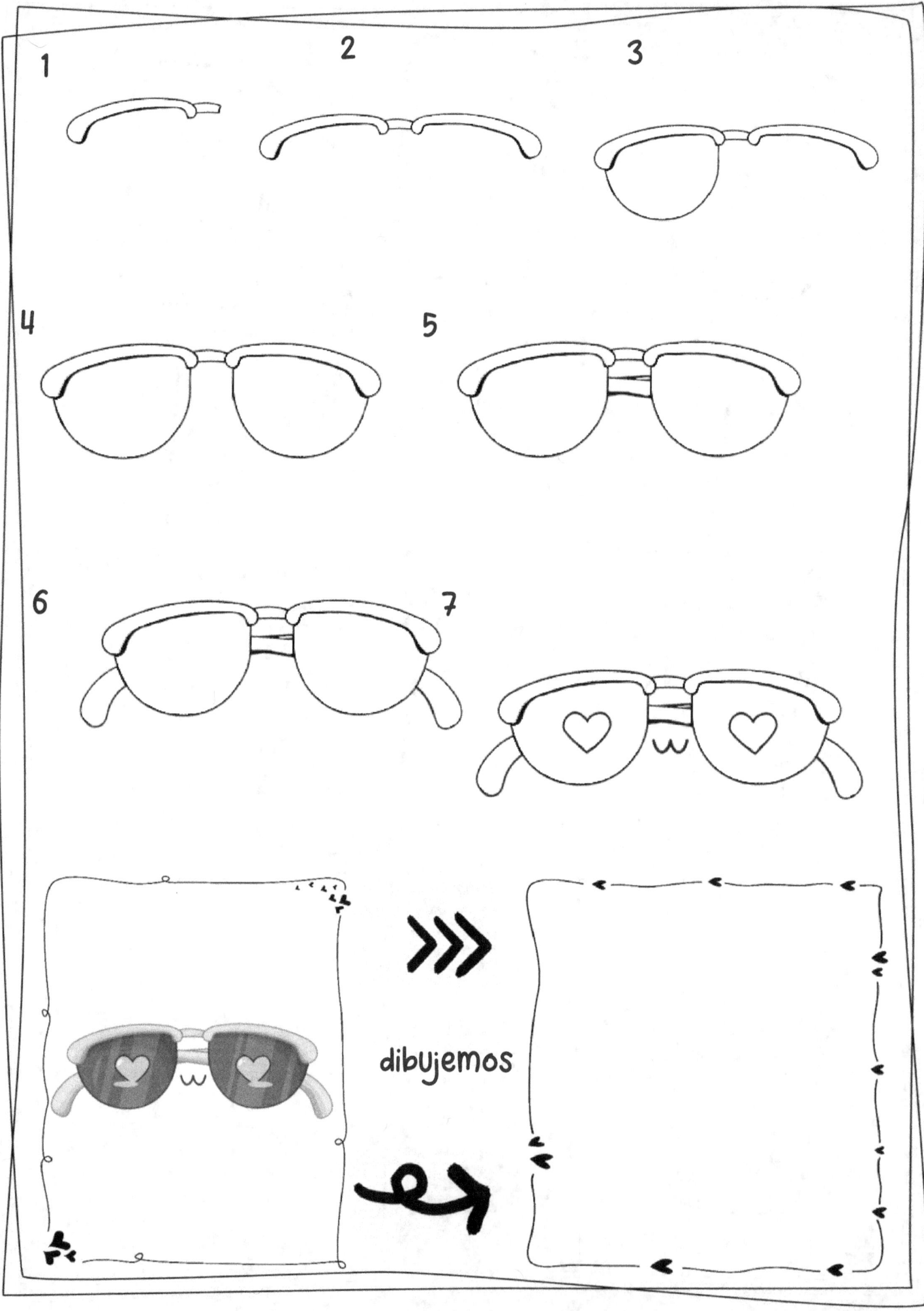

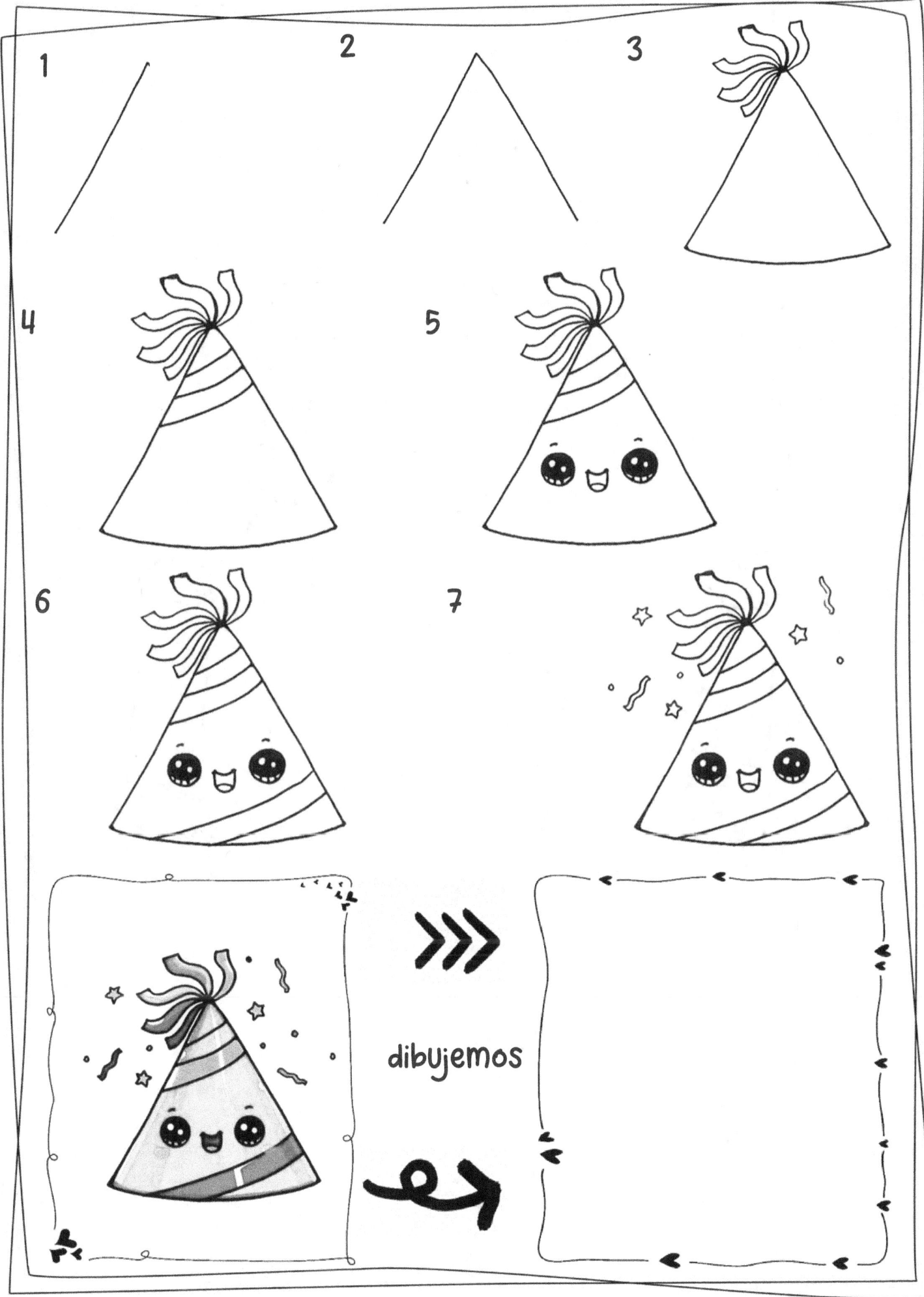

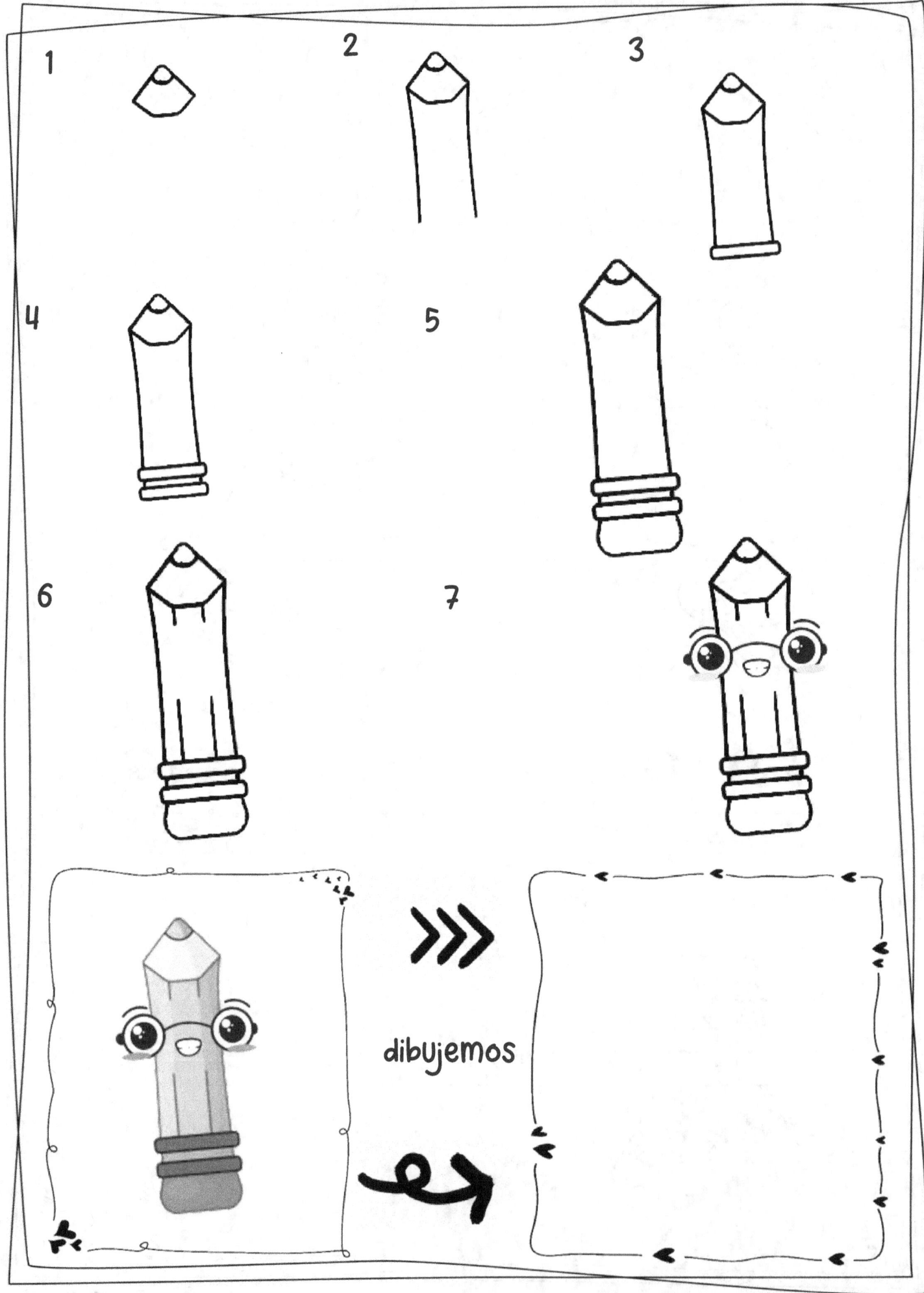

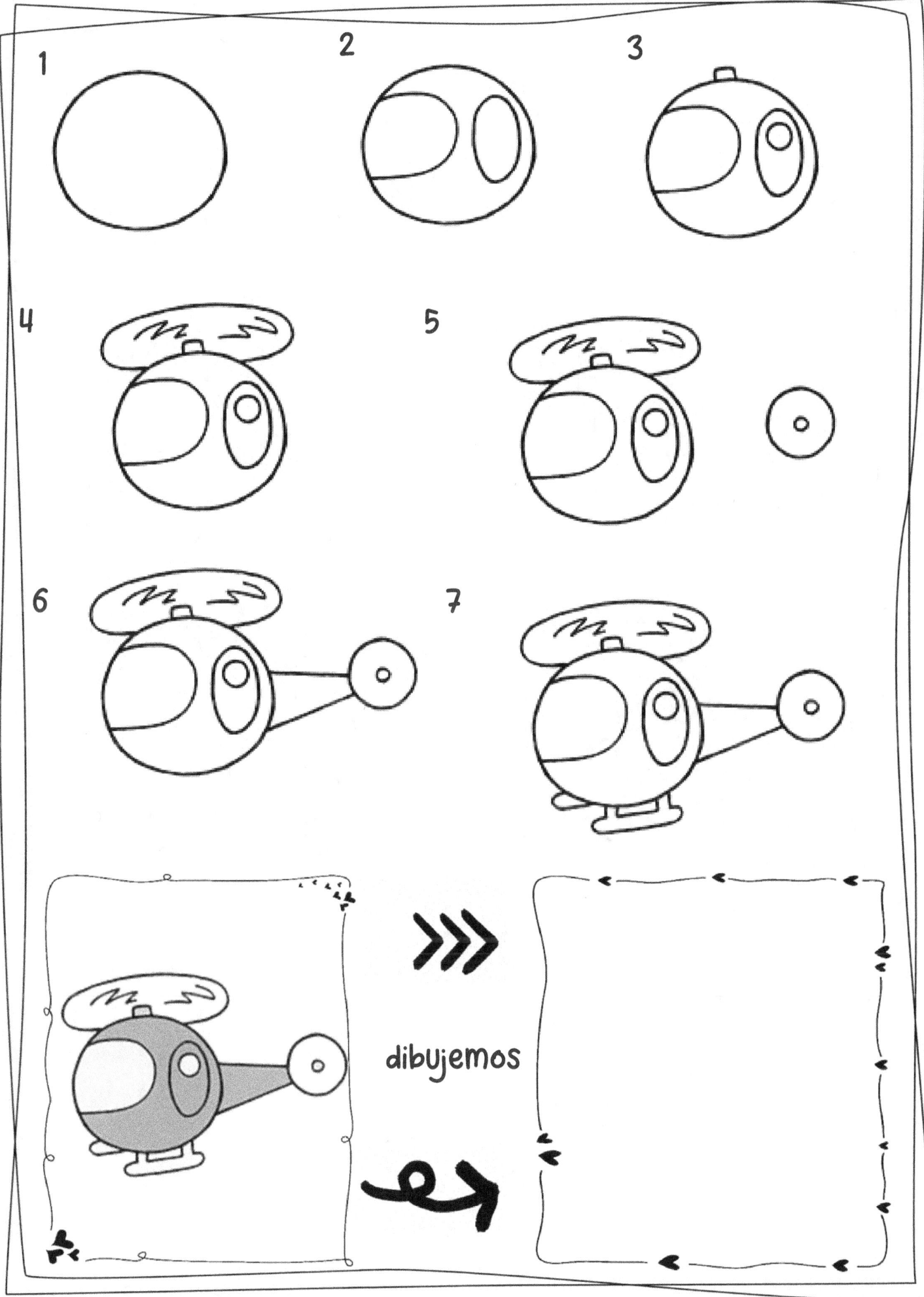

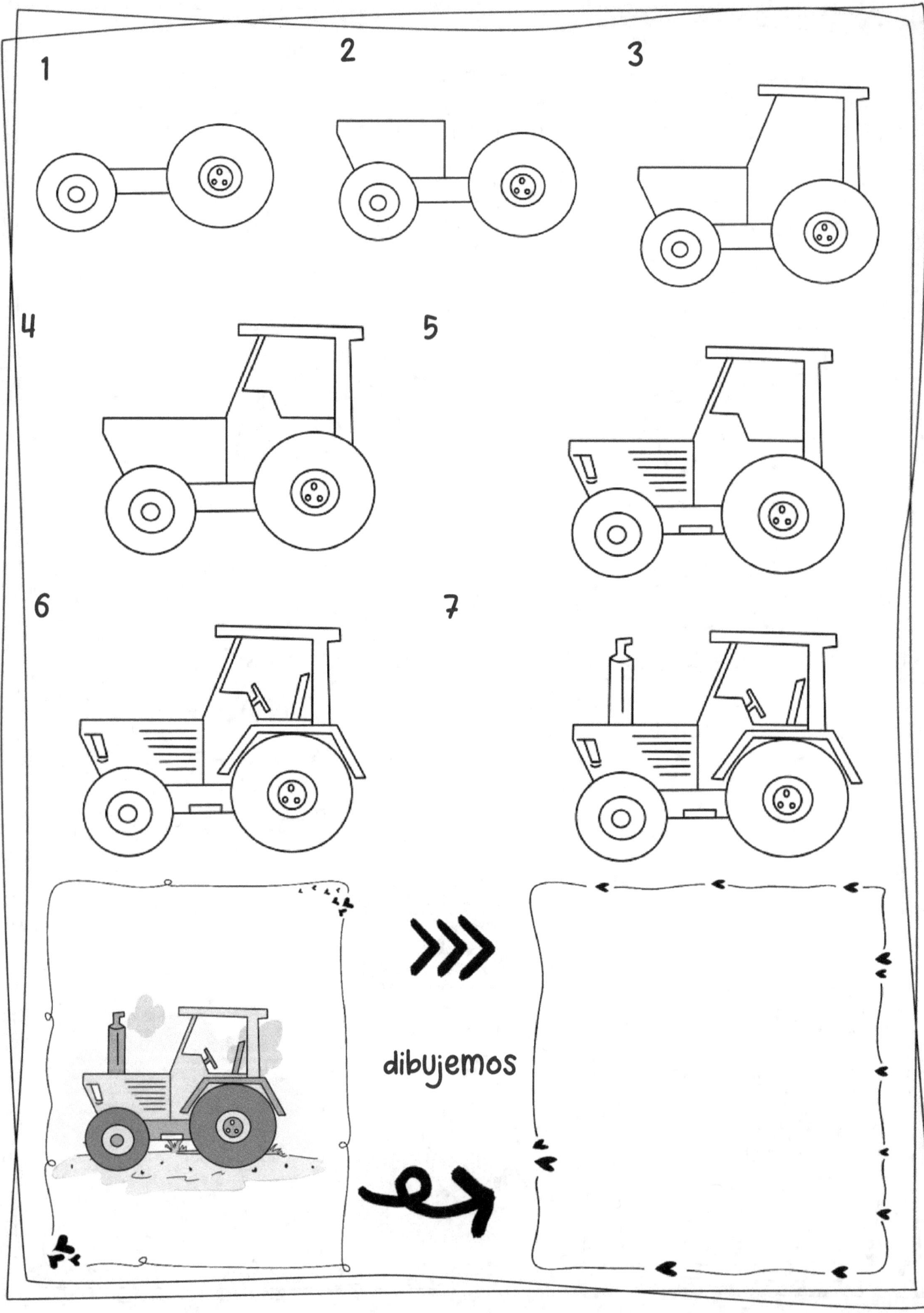

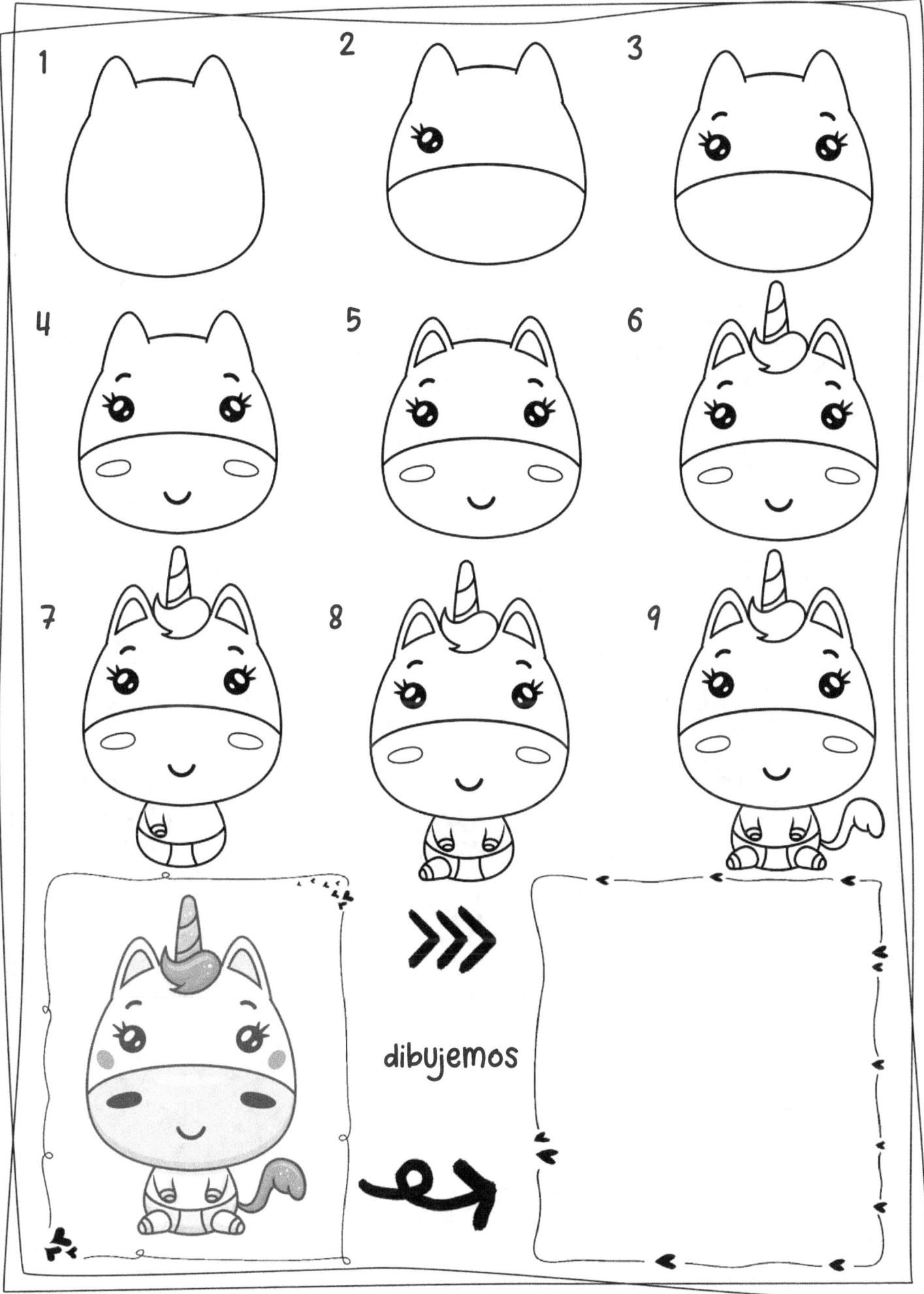

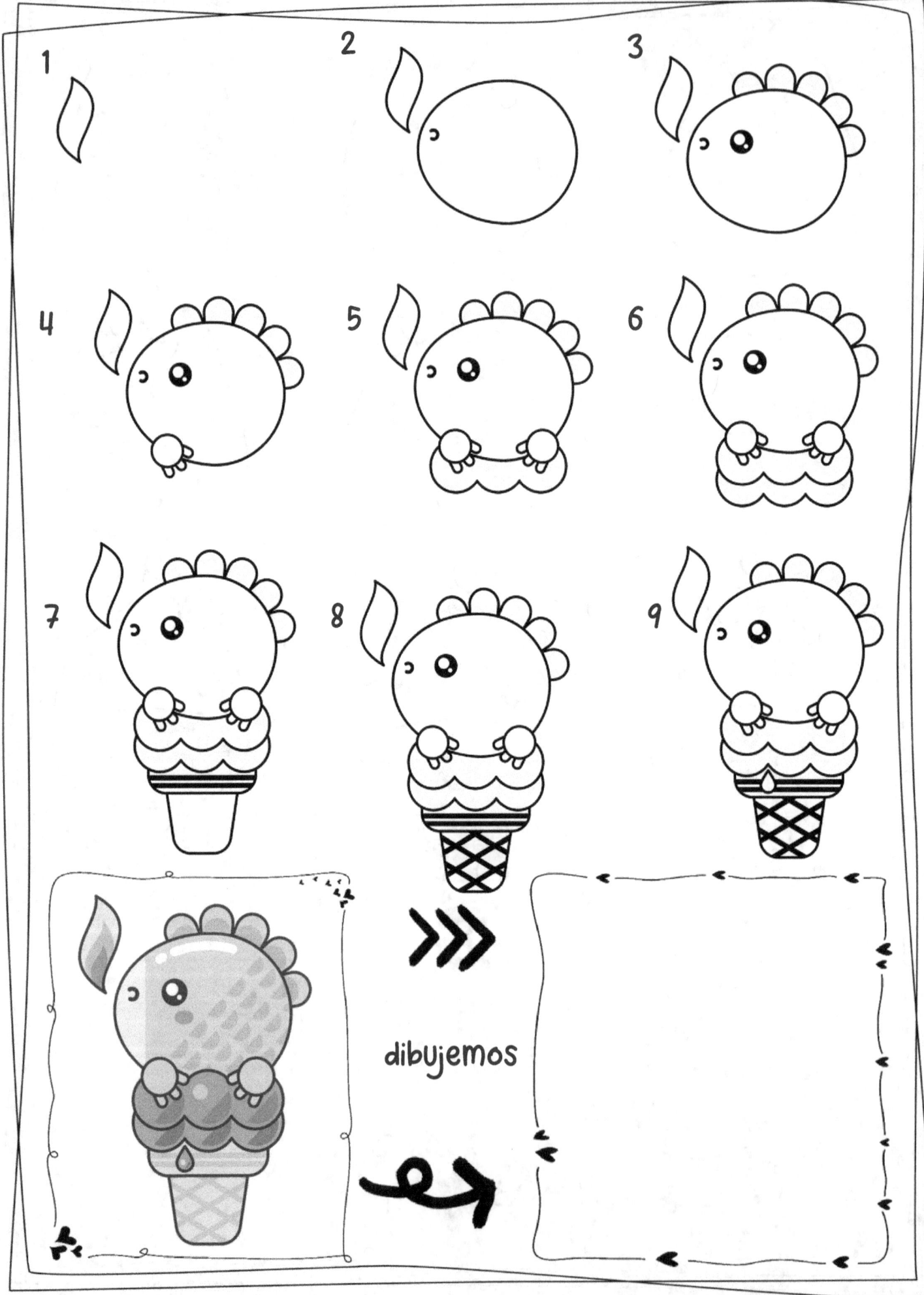

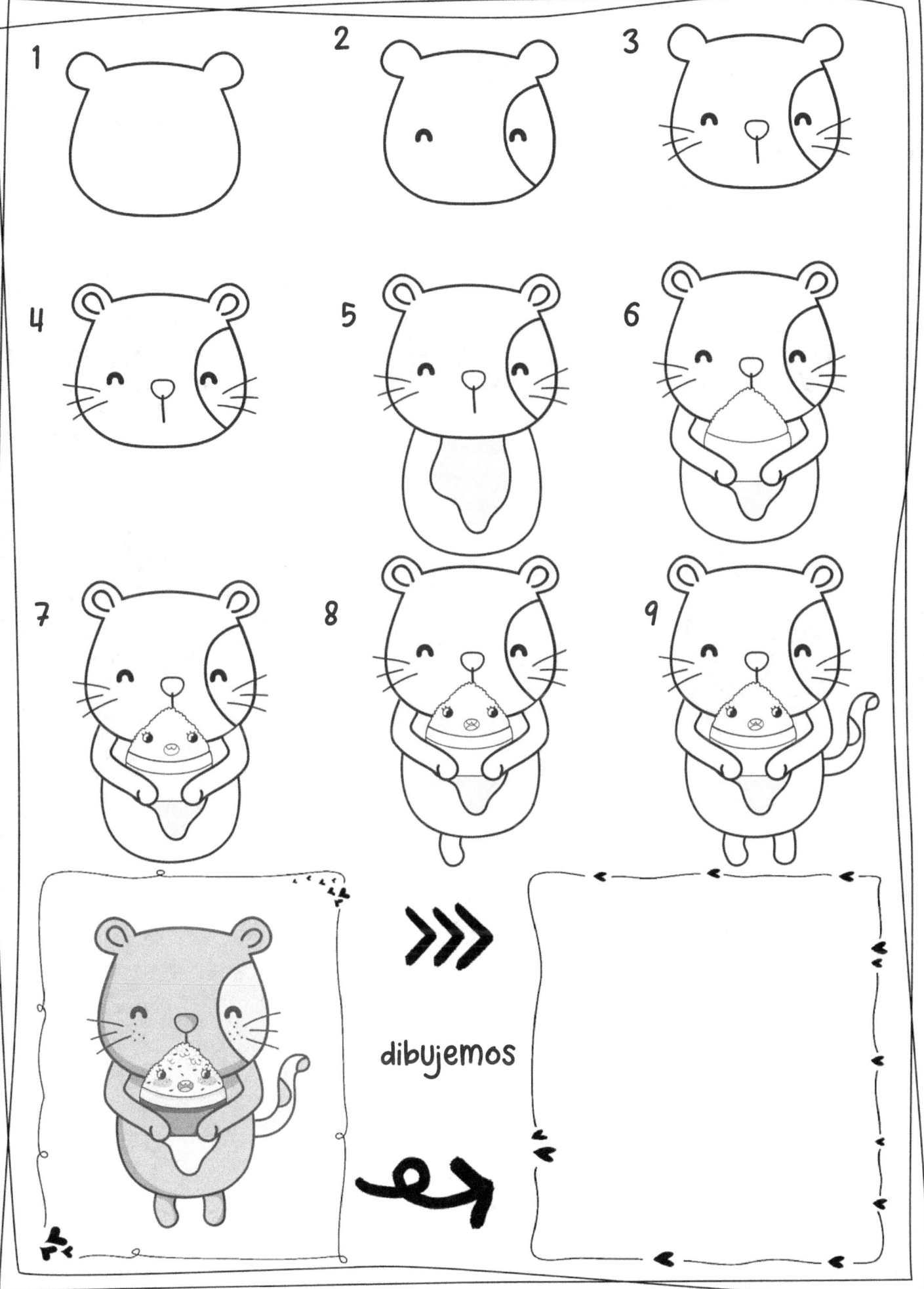

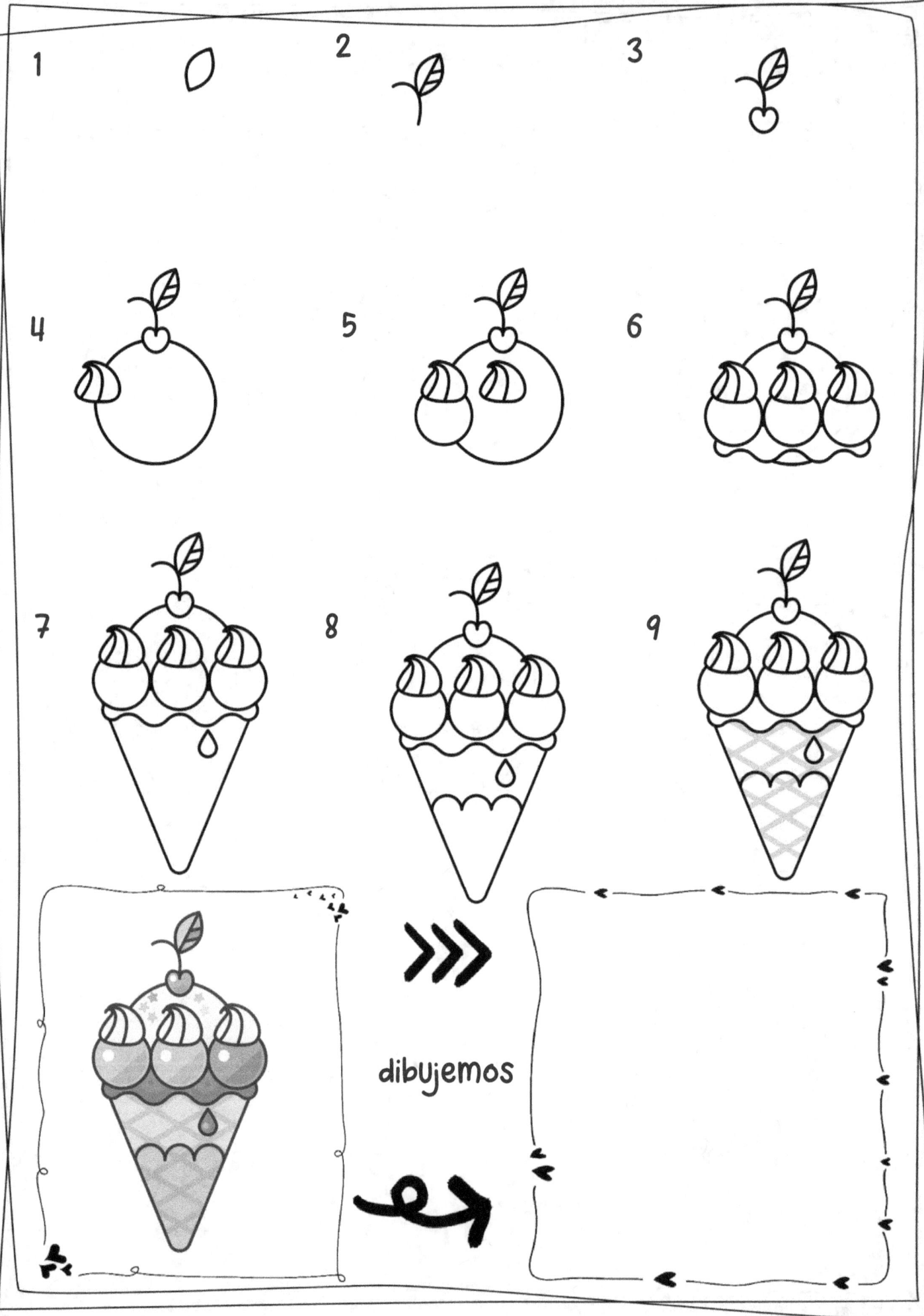

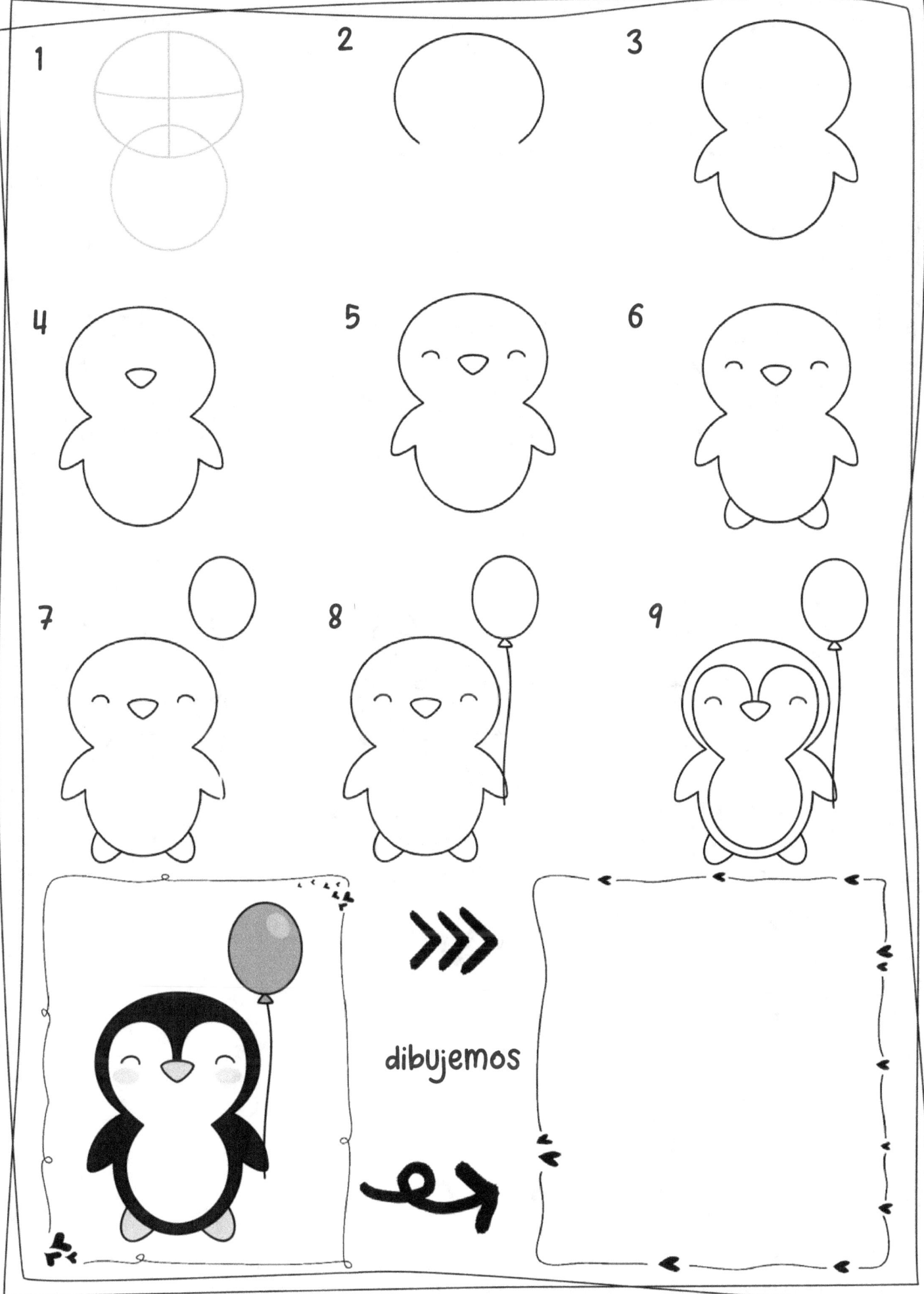

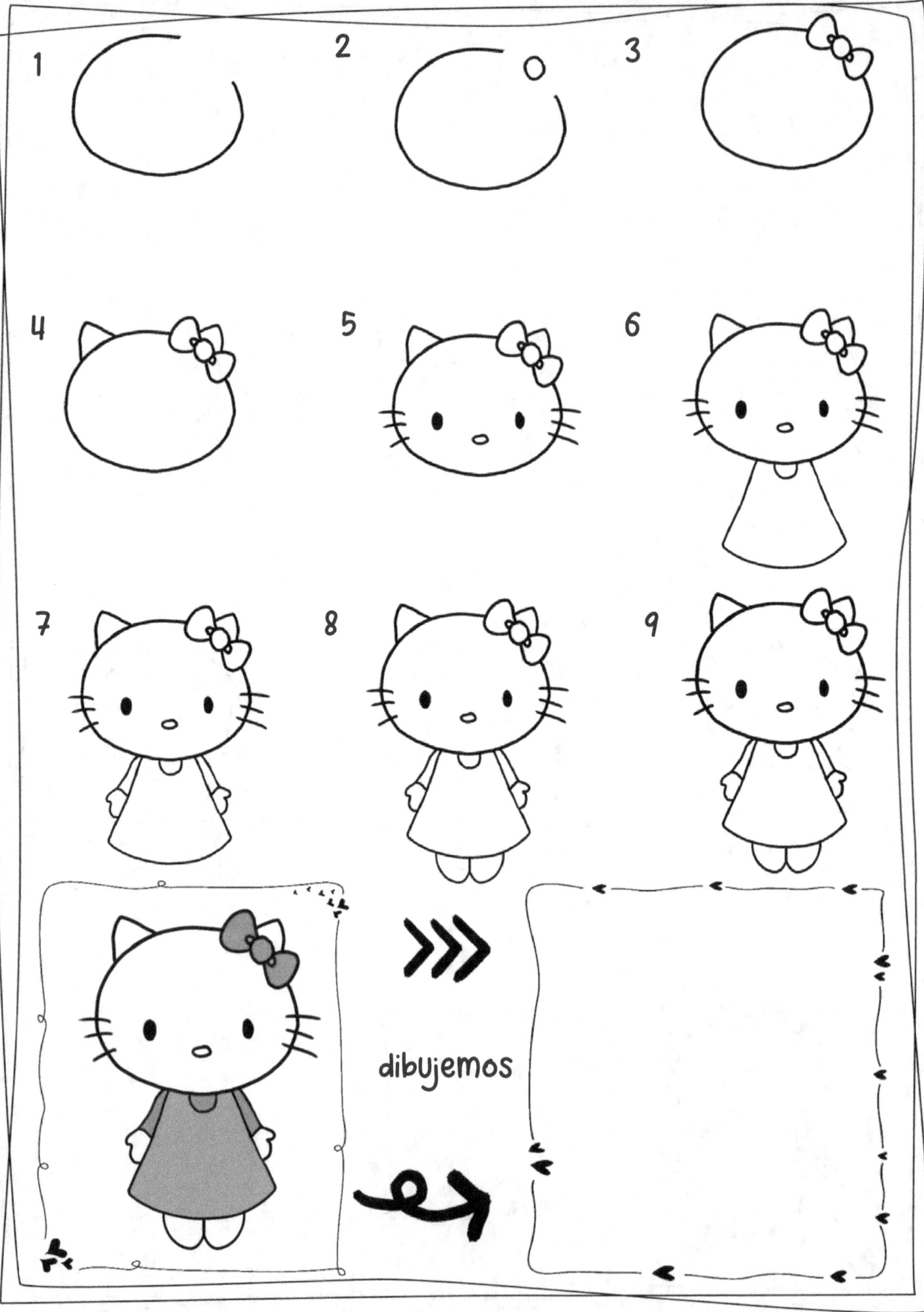

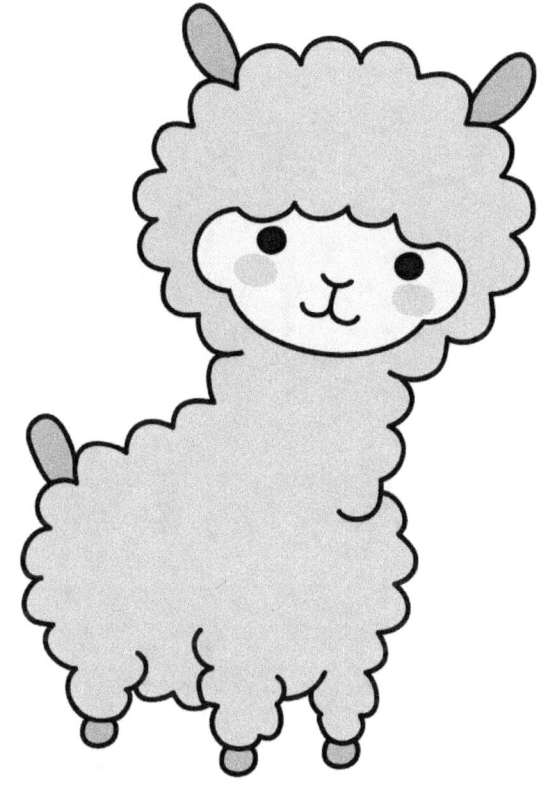
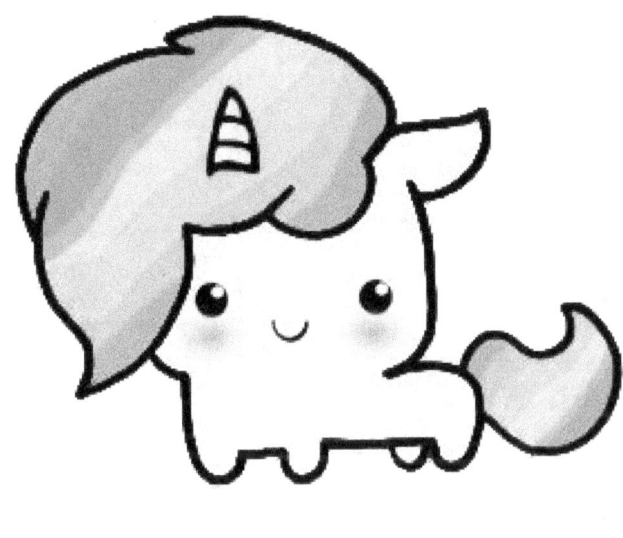

Gracias por elegir este libro. Realmente esperamos que hayas disfrutado cada página de este libro y hayas creado tu propio arte.